Christiane Ulmer-Leahey

Geschichten
aus der
WUNDER
TÜTE

Brighton Verlag GmbH

1. Auflage Framersheim August 2023
ISBN 978-3-95876-949-6
Covergestaltung: Ernst Trümpelmann, unter Verwendung einer Illustration von ©depositphotos.com/onlyblacktv.bk.ru
Satz: Ernst Trümpelmann
Lektorat: Brighton Lectors®

Verlag und Druck:
Brighton Verlag® GmbH, Mainzer Str. 100, 55234 Framersheim
www.brightonverlag.com
info@brightonverlag.com
Geschäftsführende Gesellschafterin: Sonja Heckmann
Zuständiges Handelsregister: Amtsgericht Mainz
HRB-Nummer: 47526
Mitglied des Deutschen Börsenvereins: Verkehrsnummer 14567
Mitglied der GLS Gemeinschaftsbank eG Bochum
Mitgliedsnummer: 58337
Genossenschaftsregister Nr. 224, Amtsgericht Bochum

Dieses Werk, einschließlich seiner Teile, ist urheberrechtlich geschützt. Jede Verwertung außerhalb der engen Grenzen des Urheberrechtsgesetzes ist ohne schriftliche Genehmigung des Verlages unzulässig. Dies gilt insbesondere für die elektronische oder sonstige Vervielfältigung, Übersetzung, Verbreitung und öffentliche Zugänglichmachung.

Bibliografische Information der Deutschen Nationalbibliothek:
Die Deutsche Nationalbibliothek verzeichnet diese Publikation in der Deutschen Nationalbibliografie; detaillierte bibliografische Daten sind im Internet über http://dnb.d-nb.de abrufbar.

Inhalt

Das Karussell	7
Die wandelnde Waschmaschine	26
Es war ein schöner Tag	54
Herr Kloppediklopp	61
Kawufta oder der Dackel und die Eselin	66
Kindheit	76
Mit Sprung – im Lehrerzimmer	84
Sahar	93
Sibylle Wabenreich geht zu den anonymen Begehrern	130
Simsalabim	139
Verdrängnisse	163
Vom Mut der Sanften	180

Das Karussell

Das Wohnmobil war uralt. Zum Glück hatte es einen recht guten CD-Spieler und Pit konnte während der Fahrt „Rammstein" hören. Er drehte so laut auf, dass er das Rattern des Motors nicht hörte, der sich darüber beklagte, in seinem betagten Zustand den schweren Anhänger mit dem Kinderkarussell ziehen zu müssen.

Wenn er auf der Autobahn fuhr, hatte Pit ein mulmiges Gefühl. Sowohl bei der Zugmaschine als auch dem Anhänger war der TÜV lange abgelaufen und es nur eine Frage der Zeit, bis eine Streife auf die Idee käme, dieses illustre Gefährt bei einer Kontrolle einmal genauer zu überprüfen. Und dann? Pit verfiel, entgegen des eindringlichen Ratschlags seines letzten Therapeuten, wieder einmal ins Grübeln. Tatsächlich machte dies ihn noch deprimierter und verdeutlichte ihm seine Situation, die er, während er Auto fuhr, nicht durch Alkohol oder andere, aufmunternde Substanzen ausblenden konnte. Pit stellte die Musik lauter. Er hörte nicht, wie es knallte und schepperte, als er den Auspuff verlor. Zur gleichen Zeit lösten sich noch andere, zur Fortbewegung unbedingt notwendige Teile von dem Auto und verteilten sich über die Autobahn. Am Armaturenbrett gingen die Lichter aus, Rammstein verstummte und Pit schaffte es gerade noch fluchend, mit dem letzten Schwung seines Gefährtes den Standstreifen zu erreichen.

Pit war Realist genug, um den Ernst seiner Lage zu erkennen. Das Wohnmobil hatte das Ende seiner Tage erreicht. Das war ihm lange klar und der Hauptgrund gewesen, aus dem er darauf verzichtet hatte, es dem TÜV vorzustellen. Somit war Pit praktisch mitten auf der Autobahn heimatlos geworden. Seinen Broterwerb hatte er ebenfalls verloren, wenn er das Karussell nicht mehr von einer Stadt in die andere ziehen und die Kinder in den tristen Hochhausvierteln bespaßen konnte.

Denn mit dem Fahrgeschäft verdiente Pit sein Geld. Als Kleinunternehmer parkte er das Kinderkarussell, mal mit, in letzter Zeit immer öfter ohne Genehmigung in den Hochhaussiedlungen am Rande von Großstädten und ließ die an solchen Orten immer vorhandene große Kinderschar gegen geringes Entgelt darauf rumfahren. Tief in seinem Herzen war Pit kinderlieb. Wenn er merkte, dass ein Kind gar kein Geld zur Verfügung hatte und mit sehnsüchtigem Blick den bunten Autos, Fahrrädern und Pferdchen nachsah, spendierte Pit unauffällig ein paar Fahrten. Er spürte eine tiefe Verbundenheit mit den Jungen und Mädchen, die dort am Rande der Gesellschaft aufwuchsen und, was ihnen zum Glück noch nicht allen klar war, wenig Chancen auf eine rosige Zukunft hatten. Pit freute sich mit ihnen über das kleine bisschen Abwechslung und Glück, das er den aus aller Herren Länder stammenden Kindern bringen konnte, wenn sie sich gemeinsam auf dem Karussell mit seinen verblassten Farben im Kreis drehten.

Wäre sein Äußeres nicht so vernachlässigt gewesen, hätte Pit da am Straßenrand mit seinen gut zwei Metern und seinen durchtrainierten Muskeln eine imposante Erscheinung abgegeben. Tatsächlich erzeugten seine kurz geschorenen Haare und die vielen Tätowierungen oft Furcht bei den Menschen. Im Grunde war Pit das nicht unrecht. Dann ließ man ihn wenigstens in Ruhe und meistens gewähren, wenn er Dinge tat, die in den Augen der anderen als ungewöhnlich galten.

Pit wusste, die Polizei würde da anders reagieren und es war nur eine Frage der Zeit, bis eine Streife vorbeifahren, anhalten und all die Sachen feststellen würde, die bei seinem Wohnmobil und dem Anhänger nicht den Vorschriften entsprachen. Der Einzige, der ihm unter Umständen mit seinen Kenntnissen der Automechanik noch aus dem Schlamassel helfen könnte, wäre, wenn er denn rechtzeitig käme, sein Freund Jason. Pit griff zum Handy.

Wenn es ums Feiern ging, hatte Pit eindeutig mehr treue Kumpels als in Situationen, in denen er Hilfe brauchte. Aber auf Jason war Verlass, der würde kommen. Ob seine Kenntnisse in puncto Automechanik ausreichten, um die Karre sprichwörtlich aus dem Dreck zu ziehen, müsste sich rausstellen. Einer der seltenen Aushilfsjobs, die Jasons bisheriges Arbeitsleben ausmachten, war eine Krankheitsvertretung in einer kleinen Autowerkstadt gewesen. Immerhin, am Ende der drei Wochen hatte ihn der Boss gelobt.

Jason ließ auf sich warten. Irgendetwas oder irgendjemand musste ihn aufhalten. Das war nicht gut, mit dem Karussell war es unmöglich, unauffällig auf der Standspur zu stehen. Jeden Augenblick konnte die Autobahnpolizei vorbeikommen, anhalten und viele Fragen stellen.

Bußgelder konnte Pit sich ebenso wenig leisten wie die Reparatur am Auto. Auch das Karussell hätte bereits in der vergangenen Saison überholt werden müssen. Die TÜV-Aufkleber waren gefälscht und aus dem Internet. Nur, mittlerweile sahen die kleinen Autos, Hubschrauber und Pferdchen, von deren Gestänge die Farbe abblätterte und die deutliche Rostflecken zeigten, so mitgenommen aus, dass ihr trauriger Anblick selbst das Laienpublikum erkennen ließ, mit dieser Jahrmarktsattraktion stand es nicht zum Besten.

Pit fuhr seit geraumer Zeit nicht mehr auf Jahrmärkte und Volksfeste. Mit den anderen Fahrgeschäften konnte er nicht konkurrieren und es gab häufige Kontrollen vom Ordnungsamt. Pit spezialisierte sich darauf, sein Karussell auf noch existierende Grünflächen, die an Trabantenstädte angrenzen, aufzubauen. Da dies, schon alleine aufgrund der fehlenden Papiere, ohne Genehmigung geschah, blieb er nie lange und so war Pit ständig auf der Wanderschaft, oder, wenn er ehrlich war, auf der Flucht. Heute wollte er nach Castrop-Rauxel, in eine Siedlung am Stadtrand. Ein trauriger Ort, besonders im Spätherbst. Langanhaltender Regen weichte die Erde auf. Dreckige Kinderschuhe verschmutzten das Karussell, während es sich unter einem grauen Novemberhimmel drehte. Dennoch versprach Pit sich ganz gute Geschäfte, jetzt, wo es langsam auf die Vorweihnachtszeit zuging.

Vor einigen Jahren wäre dieses Leben, das er nun führte, nicht möglich gewesen. Jedoch, in der krisengeschüttelten Bundesrepublik war auch die Bürokratie nicht unverschont geblieben. Einem zunehmend unterbesetzten Verwaltungsapparat, dessen Beamte und Beamtinnen sich größtenteils im Homeoffice, Krankenstand oder in Quarantäne befanden, stand inzwischen so wenig Zeit zur Verfügung, dass ein illegal arbeitender Schausteller mit einem von Rost angenagten Karussell zeitweilig durch die Fänge der Ordnungshüter schlüpfen konnte.

Die Kinder störte das nicht. Der Ritt auf einem Gaul, dem ein Stück vom kunstledernen Zaumzeug fehlte, machte ebenso viel Spaß wie die Fahrt mit dem Hubschrauber, dem ein Propeller abhandengekommen war oder auch dem Feuerwehrauto, solange nur seine Glocke noch bimmelte. Froh über die Abwechslung von ihrem tristen Alltag, der außer einem verkommenen Spielplatz mit kaputten Schaukeln und Rutschen, sowie Glasscherben, Zigarettenstummeln und Spritznadeln im Sand nicht viel zu bieten hatte, balgten sie sich begeistert um die beliebtesten Fahrzeuge. Wenn es zu arg wurde, oder wenn einige Große einen Kleinen bedrängten, der mit Stolz seinen Platz im Feuerwehrwagen ergattert hatte, schritt Pit ein. Seine Statur sowie seine ruhige, bestimmten Art zu sprechen, sorgten schnell für Ruhe und Frieden.

Auch den Eltern war das recht. Es handelte sich zum großen Teil um alleinerziehende Mütter. Ein leichtes Leben hatten die meisten nicht gehabt, selbst als der Staat Kinderaufzucht noch großzügiger finanzierte. Mittlerweile war es sehr schwierig, selbst die Grundbedürfnisse nach Nahrung und Wärme abzudecken. Ein tristes Karussell, das von den Kindern und Jugendlichen in vergangenen Tagen als völlig uncool verachtet worden wäre, bot nun eine Ablenkung vom düsteren Alltag samt seinen schulischen Misserfolgen.

Pit freute das. Zu einer dauerhaften Beziehung und einer eigenen Familie hatte es nicht gereicht. An Freundinnen mangelte es ihm nie, am Ende waren stets beide erleichtert, wenn das

Verhältnis endete. Für kontinuierliche Kindererziehung hatte Pit keinen Nerv. Aber hier, mit den Kindern und Jugendlichen rumalbern, ihnen auch mal zuzuhören und mehr oder weniger gute Ratschläge zu geben, das fand er okay. Dabei passte Pit höllisch auf, keinem der Kinder körperlich so nahe zu kommen, dass seine Zuneigung falsch ausgelegt werden konnte. Es passierte so viel, die Medien berichteten andauernd über Kindesmissbrauch. Wen wunderte es, wenn die Mütter anfangs ein gewisses Misstrauen an den Tag legten. Schließlich reagierten die allermeisten, wie ihre Sprösslinge, äußerst positiv auf den rauen, lauten Mann, dessen gutes Herz unter fragwürdigen Manieren und skandalösem Sprachschatz verborgen lag. Pit hatte bei so mancher jungen Mutter gute Chancen. Ab und zu nutzte er sie.

„Mann, Jason, geh' doch endlich ran, bitte, bitte!" Pit hätte gerne ein Stoßgebet zum Himmel geschickt, glaubte jedoch nicht daran, dass der von einem mitfühlenden Wesen mit Verständnis für einen chaotischen Karussellbesitzer bewohnt war, der sich nicht um Vorschriften scherte und auf dessen Brust ein Tattoo in altgotischen Lettern mit dem Wortlaut „I love Odin" prangte.

Pit ließ das Telefon wieder und wieder klingeln, keiner antwortete. Dann kam die unpersönliche Botschaft: „Der Empfänger ist zurzeit nicht erreichbar. Bitte versuchen Sie es später noch einmal." „Kacke!" Das klang ernst. Im besten Falle bedeutete dies, der Akku von Jasons Handy war leer. Das Telefon konnte auch wieder einmal kaputt sein. Jedenfalls blieb er für seinen Freund unerreichbar. Eines der uralten Lieder, die während der Fahrten des Karussells zu hören waren, drängelte sich in Pits Gedanken. „Später, wann ist das …" hieß der Refrain. Das Lied endete mit den Worten „Später, das ist zu spät gewesen."

„Wieso denke ich jetzt daran, wie ich die Musikanlage so ändern kann, dass ich auch mal neue Lieder spielen kann?", fragte sich Pit und ärgerte sich über seine unnützen Gedanken. „Die musikalische Begleitung der Karussellfahrten sind im Augenblick wirklich nicht mein Hauptproblem."

Wie recht er damit hatte, wurde im nächsten Moment deutlich. Ein Streifenwagen hielt vor ihm auf der Standspur an. „Das war's dann wohl mit Castrop-Rauxel", dachte Pit. Merkwürdigerweise genoss er die stoische Ruhe, die ihn mit einem Mal überkam. Sich seinem Schicksal zu ergeben, hatte auch etwas Befreiendes. Der Mann, der aus dem Auto stieg, es handelte sich um den Fahrer, war von unscheinbarem Äußeren. Daran änderte auch die Uniform nichts. Seine Kollegin dagegen war von einem anderen Kaliber. Selbst in desperaten Situationen wusste Pit weibliche Schönheit, wenn sie ihm begegnete, zu schätzen. Und diese Polizistin war außerordentlich attraktiv, nicht wegen, sondern trotz der Uniform. Die klobige Jacke konnte ihre Figur nicht verbergen und die Mütze schaffte es nicht, die dunkle Haarpracht zu bändigen. Im Gesicht der Beamtin fielen sofort die braunen Augen auf. Sie schauten Pit keineswegs unfreundlich an. In ihrem Blick lag, wenn nicht Sympathie, so doch zumindest aufrichtige Neugier. Ihre ebenmäßigen Lippen sprachen:

„Guten Tag, Sie haben ein Problem mit dem Wagen?"

Pit dachte scharf nach und suchte nach einer ebenso höflichen Antwort. Der Polizist kam ihm zuvor. Er hatte das Wohnmobil samt Anhänger bereits einmal ganz umrundet, leuchtete, obwohl es noch Tag war, mit seiner riesengroßen Taschenlampe auf die TÜV-Plakette des Autos und runzelte verärgert die Stirn.

„Zeigen Sie uns bitte einmal Ihre Papiere …"

„Da müsste ich noch mal zum Auto", begann Pit, als wolle er den Moment, in dem das Urteil über ihn und das Schicksal seines Wohnmobils gefällt würde, um wenigstens ein paar Sekunden hinauszögern. Der Beamte folgte ihm dicht.

„Das ist Ihr Wagen?"

„Hm, … ich weiß …. aber ich wollte …" ohne die geringste Ahnung, wie er sich aus dieser Situation retten sollte, setzte Pit einfach gewohnheitsmäßig mit einer Ausrede an. Den Polizisten beeindruckte das nicht.

„Sie wissen, dass der TÜV seit sechs Monaten abgelaufen ist."

„Schon klar … Ich wollte genau heute …"

„Was den Anhänger anbelangt", der Beamte betonte das Wort „Anhänger", als wäre es etwas Unanständiges, „… handelt es sich dabei ebenfalls um Ihr Eigentum? Ist das Ihr Fahrgeschäft?"

So aus der Nähe betrachtet, zeigten sich auch auf der von der Straße gut sichtbaren Seitenwand des Karussells deutliche Gebrauchsspuren. Die Farbe war dermaßen verblichen, dass das freundliche Lächeln des Löwenkopfes, der mit wehender Mähne aus einem kleinen Spielzeugauto schaute, kaum mehr zu erkennen war. Das Rot auf der Wange eines Clowns war abgesprungen. Darunter konnte man deutliche Rostspuren erkennen. Es sah jetzt aus, als weinte der Clown. Auf der Mine der Polizistin zeigte sich Mitleid mit diesem großen, verzweifelten Mann, den sie vielleicht ganz gerne unter anderen Umständen kennengelernt hätte.

Ihr Kollege kämpfte derweil um seine Kontenance. „So, jetzt ist aber gut. Zeigen Sie mal den Fahrzeugschein und die Betriebserlaubnis für das Karussell. Das sieht ja gefährlich aus. Hier kann doch nicht jeder mit jedem Gefährt einfach rumgurken und die Gegend unsicher machen."

„Bitte, jetzt nicht unprofessionell werden", verbat sich Pit, froh einen Punkt gefunden zu haben, wo er den Hebel zur Selbstverteidigung ansetzen konnte.

Der Beamte ließ sich nicht provozieren. „Professionell ist ein gutes Stichwort. Bei diesem – nennen wir es mal – Fahrgeschäft handelt es sich um einen *fliegenden Bau*. Kann ich bitte mal Ihr Prüfbuch sehen?"

„Äh …, das habe ich im Moment, glaube ich, … nicht." Pit gab auf. Er fühlte sich solidarisch mit dem an der Backe verrostenden Clown.

„Ich denke mal, die bauaufsichtlichen Anforderungen an fliegende Bauten erfüllen Sie mit Ihrer Konstruktion hier nicht. Kann ich denn bitte einmal die Ausführungsgenehmigung Ihres nächsten Bestimmungsortes sehen. Wie war der, sagten Sie? Castrop-Rauxel?"

Während er sprach, plusterte sich der Polizist in seiner dicken Jacke auf. Ein Blick auf seine Kollegin machte deutlich, wie sehr ihr das Gehabe ihres Partners missfiel. Da änderte er seinen Tonfall. „Sie verstehen schon, wir müssen das alles überprüfen. Mit Ihrem Karussell befördern Sie schließlich Kinder, da geht Sicherheit über alles."

„Ich befördere keine Kinder, ich fahr sie im Kreis rum. In Schrittgeschwindigkeit, da ist noch nie was passiert. Kontrollieren Sie lieber mal die maroden Schulbusse!" Da nun sowieso alles egal war, wollte Pit sich wenigstens so gut es ging wehren.

Der Polizist wechselte wieder in die Rolle des harten Profis. „Klara, mach doch mal eine Anfrage nach dem Fahrzeughalter." Wenn er seine Kollegin schon nicht beeindrucken konnte, wollte er wenigstens zeigen, wer der Chef war.

Die Polizistin entfernte sich etwas vom Wohnmobil in Richtung Karussell und begann, in ihr Funkgerät zu sprechen. Pit versuchte, die Belehrungen des Polizisten zu ignorieren und konzentrierte sich darauf, so viel wie möglich von der Unterhaltung der Polizistin mit ihrer Dienststelle zu verstehen. Von dem Gespräch bekam er nur einen Bruchteil der Hälfte mit, die die Beamtin sprach. Er verstand die Worte „Insolvenzverschleppung … Anzeigen … Ruhestörung …", und das genügte ihm.

Die Polizistin drehte sich wieder zu ihrem Kollegen und Pit um „Es tut mir leid, der Wagen und das Fahrgeschäft, sprich Ihr Karussell, müssen auf der Stelle stillgelegt werden." Sie schaute nicht mehr so freundlich und mitfühlend. Pit fand, sie sah müde und genervt aus, als sie sich leicht gegen die Kante des Wohnmobils lehnte.

Da brach in der Fahrerkabine die Hölle los.

Von unglaublichem Gekreische und lauten, den Lärm der vorbeisausenden Autos übertönenden Schreien begleitet, wälzte sich ein Ball aus bunten Federn und braunem Fell, vom Innenbereich des Wohnmobils mit rasendem Tempo über Vordersitze und Armaturenbrett.

„Caroline, Egon, Ruhe jetzt!" Pit schrie aus Leibeskräften. Den Affen und den Papageien beeindruckte das nicht. „Oh Mann, jetzt hat der wieder den Käfig von der Caroline aufgemacht!"

Pit sah anklagend zu den beiden Gesetzeshütern, als wäre das Entkommen der Tiere deren Schuld. Für einen Moment kehrte Ruhe ein, als der grüne Papagei interessiert zusah, wie das kleine Äffchen mit seiner Hand die Scheibe am Beifahrersitz runterdrückte und Anstalten machte, herauszuspringen.

„Egon, hiergeblieben."

Pit sprintete mit erstaunlicher Schnelligkeit zur Beifahrerseite des Wagens und bekam gerade noch die Leine, die an dem Halsband des Äffchens befestigt war, zu fassen. Der Papagei saß auf dem Lenkrad, entleerte sich ausgiebig auf den Fahrersitz und beobachtete die Szene.

Die kurzfristig eingetretene Stille nutzte der Beamte, der sich etwas schneller als seine Kollegin gefasst hatte, zu der Bemerkung: „Zumindest, was den Affen anbelangt, liegt sicherlich ein Verstoß gegen § 2 des Tierschutzgesetzes vor."

Der nächste Satz ging dann wieder im Gekreische unter. Pit verstand die Worte „Veterinäramt verständigen" und „sofort", als der Beamte, seiner Kollegin hektisch zunickend, zum Telefon griff. Es sah so aus, als mache sich der Affe, der mittlerweile auf Pits Schulter saß und an seiner Leine knabberte, lustig über die Beamten. Die Polizistin platzierte sich vor dem halb offenen Fenster des Wohnmobils, um die Flucht des Papageis zu verhindern. Sie füllte nicht die ganze Breite der Tür aus und sprang schnell und irgendwie rhythmisch hin und her.

„Geiler Affentanz!"

Niemand hatte das Auto bemerkt. Ein kleiner, feuerwehrroter Seat Marbella fuhr vor. Über die gesamte Breite des Wagens flatterten auf beiden Seiten rot-weiß gestreifte Spruchbänder, auf denen „Baustellenfahrzeug" stand. Der übrige Zustand des Fahrzeugs entlarvte dies als Anmaßung. Die vordere Stoßstange fehlte größtenteils, das Nummernschild hing, mit Draht befestigt, schief. Ein Pflaster aus grauem Leukoplast überklebte ein großes Loch in der Fahrertür. Im Auto saß Jason. Sein Kopf mit der struppigen Lockenpracht füllte das gesamte Wageninnere aus. Es gab keinen Fahrersitz, denn der riesengroße Mann brauchte die so gewonnene Beinfreiheit und lenkte vom Rücksitz aus. Er quälte sich mühevoll aus seinem Wagen und stellte sich neben Pit, als wolle er den Freund beschützen. Die Polizisten starrten den Neuangekommenen fassungslos an. Nicht wegen seiner massigen Gestalt, neben der Pit beinahe zierlich wirkte. Jason trug einen Schottenrock, darunter an seinen ansonsten blanken Beinen wollene Kniestrümpfe mit bunten Bommeln.

„Was geht denn hier? Geiler Affentanz", wiederholte Jason so laut, dass er in dem allgemeinen Tohuwabohu gehört wurde. Zwanglos gesellte er sich zu der kleinen Menschengruppe.

„Wir führen hier eine polizeiliche Maßnahme durch, in die Sie sich nicht einzumischen haben." Der Beamte hatte sich wieder gefasst.

„Na, ich denke doch, ich kann hier helfen", sagte Jason versöhnlich. „Möchten Sie auch meine Papiere sehen?", bot er an.

„Klara, mach du das", delegierte der Polizist. „Halterabfrage kannst du dir schenken. So was klaut kein Mensch."

Pit wandte sich an seinen Freund. „Die wollen mich stilllegen."

„Ihr Fahrzeug wird auf alle Fälle stillgelegt, es ist vollkommen fahruntüchtig", stellte der Beamte klar und gab seiner Kollegin weitere Anweisungen. „Sagst du mal Bescheid, dass wir zwei Abschleppwagen brauchen, das Karussell ist auch illegal auf der Straße."

Er wandte sich Pit zu. „Gilt die Adresse auf dem Ausweis noch? Wegen der Rechnungen und Bußgeldbescheide?"

Pit schaute sein Gegenüber an, als verstünde er die Frage nicht.

„Wo ist ihr Wohnsitz?"

„Wird wohl gleich auf einen Anhänger verladen." Jetzt sah man Pit die Verzweiflung an. Mit ausgebreiteten Armen ging er auf Jason zu. „Ich bin obdachlos."

Jason zupfte in seinem Gesichtshaar rum. Pit verlegte sich aufs Bitten.

„Kannst du Egon und Caroline nehmen?"

Jason überlegte. Der Affe saß immer noch auf Pits Schulter, der Papagei beäugte vom Lenkrad aus, was passierte.

„Das Veterinäramt ist verständigt. Sie kommen und werden sich kümmern", stellte der Polizist klar. Jason und Pit ignorierten ihn.

Zwei riesige Abschleppwagen fuhren an. Ihre gelben Lichter blinkten grell und beleuchteten die vorbeifahrenden Autos sowie die Büsche am Straßenrand, obwohl es noch Tag war. Die Fahrer sprangen aus den Führerhäuschen. Es folgte ein kurzes Gespräch der Verständigung zwischen den Mitarbeitern des Abschleppdienstes und den Polizeibeamten. Seilwinden wurden klargemacht.

„Was ist mit dem Vogel?", wollte einer der Fahrer wissen. Den Affen auf Pits Schulter sah er missbilligend an. „Mitnehmen können wir den Papagei nicht."

„Der Notdienst vom Veterinäramt ist informiert. Die müssen gleich kommen." Sehr überzeugt klang der Beamte nicht.

Pit bewegte seine Schulter ein klein wenig. Niemand hatte bemerkt, wie er die Leine des Äffchens zuvor gelöst hatte. Keiner achtete auf den kurzen Pfiff, den Pit von sich gab, außer Egon, dem Kapuzineräffchen. Blitzschnell sprang er von Pits Schulter. Mit einem nächsten Satz war er am Wohnmobil, das gerade in Position gerückt wurde, um verladen zu werden. Der kleine Affe sprang in die Höhe, schlug an die halb offene Fensterscheibe, die daraufhin noch weiter herunterging. Egon kreischte und sah den Papagei an. Der Vogel begann aufgeregt auf dem Lenkrad hin- und herzurennen. Nichts Gutes ahnend versuchte die Polizistin, ihre Position vor dem Fenster wieder einzunehmen. Dennoch gelang Caroline, der Papageiendame, die Flucht in dem Augenblick, in dem Egon sich nach mehrmaligen, spektakulären Purzelbäumen auf einen in der Nähe stehenden Baum schwang.

Caroline, der Papagei und das Äffchen Egon flogen bzw. sprangen dann gemeinsam von der Autobahn weg in Richtung eines kleinen Wäldchens, unbemerkt von den Autofahrern, die ihr Augenmerk auf das Kinderkarussell und das alte Wohnmobil richteten, die gerade auf Abschleppwagen aufgeladen wurden.

Aus dem Lautsprecher des Funkwagens scheppterte es. Das Handy des Polizeibeamten klingelte. Sein Gesicht wurde ganz ernst. „Wir haben einen neuen Einsatz!", rief er seiner Kollegin zu. Fragend deutete die auf Pit, Jason und die Abschleppwagen.

Der Beamte kam mit großen Schritten auf die kleine Gruppe zu. „Wir haben einen Einsatz", wiederholte er nun in Richtung Pit. In seiner Stimme lag eine anklagende Dringlichkeit: „Wir müssen weg, Ihre Adresse haben wir ja. Sie hören von uns." Zu Jason sagte der Beamte, als wäre es seine Idee. „Können Sie Ihren äh … Freund mitnehmen?"

Die Kollegin schaltete sich in das Gespräch ein. „Was ist mit den Tieren?"

„Das Veterinäramt wird sich kümmern, die sind schon unterwegs, wir regeln das mit denen, während wir fahren", kam die ungeduldige Antwort und dann noch einmal zu Pit: „Da kriegen Sie dann auch noch einmal die Rechnung."

Ziemlich perplex, jedoch gleichzeitig mit Erleichterung sahen Pit und Jason zu, wie die beiden Polizeibeamten sich nach einer kurzen Diskussion mit den Fahrern der Abschleppwagen, die ebenfalls so gut wie abfahrbereit waren, in ihr Auto setzten und mit Blaulicht und Martinshorn davonfuhren.

„Da woll'n wir mal", meinte Jason und deutete auf sein Gefährt.

Pit öffnete die Beifahrertür. Da war der Vordersitz noch drin. Den konnte er nicht nach hinten verschieben, denn auf der Rückbank der Beifahrerseite lag ein großer Ballen Heu.

„Wird eng", analysierte Pit.

„Geht schon", ermunterte Jason.

„Muss", bestätigte Pit, „riecht wenigstens schön."

„Ist doch auch was", grinste Jason und von der Seite konnte man deutlich eine Zahnlücke sehen.

„Und jetzt, wohin?" wollte Jason wissen.

Pit ignorierte die Frage. Er saß sehr weit vorne, stützte sein Kinn auf die Knie, die er hoch anziehen musste. So gewann er einige Zentimeter, die sein Gesicht davor bewahrten, ganz gegen die Windschutzscheibe gequetscht zu werden. Das Sprechen fiel ihm ein wenig schwer.

„Du hast wenigstens Glück gehabt, die haben sich nicht mal für deine Karre interessiert."

Jason freute sich. „Nee, die hatten's auf einmal viel zu eilig! Hab' die ganze Zeit die Luft angehalten, wegen dem Nummernschild."

„Ist nicht illegal, solange es festhält, ist's egal, wie du das festmachst."

„Eben, solange es hält." Jason atmete zufrieden. „Ist ja noch mal gut gegangen. – Was wird jetzt aus dem Papagei und dem Affen?" wollte er dann doch wissen.

„Fahr mal die nächste Ausfahrt raus", antwortete Pit.

„Wieso das jetzt?"

„Wir müssen Egon und Caroline abholen."

Jason stellte keine weiteren Fragen. Er kannte seinen Freund. Keine zwei Kilometer später kam eine Abfahrt und noch bevor sie die Kreuzung auf die Bundesstraße erreicht hatten, kurz vor der Ampel, saßen auf zwei nebeneinanderstehenden Straßenpfosten zuerst Caroline, die Papageiendame und auf dem Pfeiler dahinter Egon, das Kapuzineräffchen.

„Lange sitzen die noch nicht da", kommentierte Jason. „Es scheint sie noch keiner gesehen zu haben, sonst hätte es schon wieder Stress gegeben."

„Glaub mir, davon kann ich keinen mehr gebrauchen." Pit öffnete die Autotür. Um nicht aus dem Seat zu fallen, hielt er sich an dem kaputten Haltegriff fest. Er stieß wieder diesen merkwürdig durchdringenden Pfiff aus. Daraufhin rannten und flogen die

Tiere zum Auto, Pit duckte sich ein wenig, so weit es eben ging. Caroline und Egon machten es sich hinten im Heu bequem. Für die beiden war gerade noch Platz.

Die Fahrt konnte weitergehen.

„Was jetzt?" eröffnete Jason erneut die Diskussion und strich sich den Schottenrock glatt.

„Scheiße, Scheiße, Scheiße", Pit ließ erst einmal seinen Gefühlen freien Lauf. „So eine verdammte Kacke." Er haute auf die Autoablage ein. Es beeindruckte keinen der Insassen. Nur ein bisschen Staub wirbelte auf.

„Ein paar Tage kannste schon mit zu mir. Hab' im Wohnwagen noch einen zweiten Schlafsack." Wenn es darauf ankam, war Jason großzügig.

Pit war gerührt. „Passt schon, danke Alter. Aber, ich hau ab. Jetzt ist's soweit. Ich hau endlich ab."

„Echt jetzt?" In Jasons Stimme lag so etwas wie Ehrfurcht. „Du wanderst aus, wie du immer vorhattest?"

„Genau, der Zeitpunkt ist gekommen. Ich geh' nach Lappland, zu den Leuten, die ich von meinem Tripp letztes Jahr kenne und die dort im Wald eine Siedlung gegründet haben. ‚Komm' zu uns', haben die damals gesagt. ‚Wir brauchen hier Leute wie dich.' Das mach ich jetzt. Ich bau mir auch eine Blockhütte und dann können mich hier alle einmal."

„Mitten im Wald, in einer Blockhütte, klingt nicht schlecht."

Pit hörte ein wenig Neid aus den Worten seines Freundes heraus und setzte noch einen drauf: „Und ganz in der Nähe gibt es jede Menge heiße Quellen. Das ist praktisch unser Bad, direkt vor der Haustür mit ohne Ende kostenlosem warmem Wasser. Das nächste Dorf ist meilenweit entfernt. Im Winter kommst du da gar nicht immer hin. Wir versorgen uns selbst mit dem, was wir brauchen." Pit versuchte, sich entspannt etwas zurückzulehnen. „Hab' schon immer davon geträumt. Lappland, eine schöne, gemütliche Blockhütte, ohne Strom, ohne Stress, dafür aber warmes Feuer."

Gedankenverloren und ausgiebig bohrte Pit in der Nase. „Scheiß auf Ordnungsämter, Bußgelder und Veterinärämter." Sagte er und schloss damit seine Zukunftsplanung fürs erste ab.

„Oh Mann!" Jason bemühte sich nicht, seine Sehnsucht nach einem solchen ungebundenen Leben zu verbergen. „Fahren wir doch erst einmal zu mir, schmeißen den Ofen an im Wohnwagen und machen es uns gemütlich."

„Hast du etwas da?"

„Bier fehlt."

Dazu fiel Pit noch etwas ein. „Es wäre gut, wenn wir grad schnell bei meinem Bruder anhalten könnten. Er wohnt gleich im nächsten Ort. Der hebt nämlich noch Geld für mich auf. Das hol' ich mir und dann, ab nach Lappland."

Hinten raschelte es im Stroh. Pit befand sich augenblicklich wieder in der Realität.

„Könnten Caroline und Egon erst einmal bei dir bleiben? Nur bis ich was Warmes gefunden habe. Das Klima da im Norden packen die erst einmal nicht."

Jason dachte nach. „Schätze, das geht schon. Caroline kann mit in den Wohnwagen. Tagsüber kann ich sie an der Spüle anketten. Aber Egon kommt in den Stall zu den Schafen, sonst kackt er mir die ganze Bude voll."

Pit atmete erleichtert auf. Sie fuhren auf der Bundesstraße in Richtung der nächsten Kleinstadt.

Jason überlegte weiter. „Lappland – Mann, da wollt' ich auch immer hin, das wär' was."

„Das ist überhaupt die Idee!" Pit war begeistert. „Komm' doch mit, die Leute, die ich da kenne, sind richtig gut. Da passt du genau rein. Meinst du, du könntest deinen Wohnwagen noch mal fit machen?"

„Theoretisch ist das machbar. Die Schafe müsst' ich abschaffen. Aber, das hab' ich mir sowieso schon überlegt. Es rentiert sich nicht – nur die Schäfer, die das Geschäft im großen Stil betreiben, machen den Profit und sacken die ganzen Fördermittel ein, die es für mit der Schafzucht verbundene Landschaftspflege gibt. Für unsereins bleibt da nichts übrig."

„Sag' ich ja. Deutschland ist Kacke. Was meinst du, warum ich hier weg will. Wenn du mitkämst, wär' Klasse."

Jason lenkte ein. „Aber so direkt jetzt, geht nicht. Ich muss erst die Schafe verkaufen, dann kann ich von dem Geld den Wohnwagen fitmachen."

Pit wurde konkret. „Wie ziehst du ihn? Mit dem Seat Marbella?"

Jetzt bohrte auch Jason in der Nase. „Hm, hättet ihr in eurer Community eventuell Platz für noch jemand? Ich kenn' da einen, der hat auch die Nase voll. Unter Umständen könnte der interessiert sein. Er hat einen Jeep mit Vierradantrieb. Der würde den Wohnwagen ziehen."

Pit war zuversichtlich. „Klingt doch gut. Natürlich müsste ich erst nachfragen."

„Dann mach' das." Es sah aus, als wäre eine Entscheidung gefällt.

„Und mit Egon und Caroline, das geht trotzdem klar? Bringst du die dann mit?"

„Also, wenn es länger dauert, bis ich alles hier organisiert habe, müsstest du die zwischenzeitlich doch holen kommen."

„Wenn ich erst einmal fürs Nötigste eingerichtet bin, muss ich sowieso noch mal zurück. Ich hab' da nämlich noch so eine Idee. Dazu bräucht' ich aber noch Investoren und müsste, wenn es konkreter ist, mit ein paar Leuten hier sprechen."

Jason wurde neugierig und Pit erklärte: „Ich denke da an die heißen Quellen. Die könnten wir nicht nur für unser warmes Bad benutzen, sondern auch als Anziehungspunkt für andere Besucher."

Jasons Geschäftssinn erwachte. „Gibt es da Tourismus?"

„Nicht so wirklich. Wäre auf jeden Fall ausbaufähig. Ich denke da natürlich nicht an Massentourismus."

Jason bestätigte: „Klar, da muss ein komplettes, umweltfreundliches Konzept her."

„Nachhaltig!", bestätigte Pit und wusste selbst nicht genau, wie ernst es ihm damit war. „Nicht allzu weit entfernt gibt es da so einen Ort, der schimpft sich *Santas Grotte*. Dort gibt's sogar Flüge hin, vor allem um die Weihnachtszeit. Die Engländer sind da ganz scharf drauf – obwohl in den letzten Jahren hat das etwas nachgelassen. Vielleicht fehlt das Geld."

In Jasons Gehirn rumorte es gewaltig. „Mit den heißen Quellen machen wir die Lapplandreisen attraktiver und bieten den Leuten was für ihr Geld. Betuchte Oldies nehmen die Enkel mit zum Weihnachtsmann und behandeln gleichzeitig ihre wehen Knochen mit wohltuend warmem Gesundheitswasser." Ungeachtet der kritischen Blicke, mit denen Pit den Freund betrachtete, steigerte sich Jason in seine Begeisterung hinein. „Wir leiern den Tourismus an. Dann entsteht da ein kleines Wellness Center, mit Attraktionen auch für Kinder und so. Natürlich alles umweltverträglich. Und wir managen das. Das wird gut!"

Jason lenkte mit einer Hand. Obwohl es draußen kalt war, trommelte er mit der anderen durch das geöffnete Fenster den Rhythmus zu einer Melodie aufs Autodach. Das Liedchen summte er, ein Luftzug durch seine Zahnlücke deutete die zweite Stimme an.

Auch Pit war nun überzeugt. „Ja, Mann, das wird gut. Du, gleich sind wir bei meinem Bruder. Es ist das neunte Haus auf der linken Seite. Fahr' grad rechts ran. Ich geh rein und hol' das Geld."

Es reichte für Bier, Pizza und noch einiges andere. Sie saßen an der Feuerstelle vor Jasons Wohnwagen.

„Soll'n wir nicht doch lieber rein und uns mit dem Holzofen richtig einheizen?" Pit fror, obwohl er so nahe wie möglich am Feuer saß. Bald würde es dunkel werden.

„Geht nicht", bedauerte Jason. „Hab' kein passendes Holz, bin noch nicht dazu gekommen, den Baum kleinzuschneiden."

Pit akzeptierte die Situation mit einem Schulterzucken und nahm sich noch ein Bier.

„Außerdem könnte es nachher, wenn noch wer kommt, im Wohnwagen eng werden."

Es war schon eine Weile her, dass Jason Zeit zum Aufräumen gefunden hatte. Die Spüle hatten sie so weit frei gelegt, dass sie Caroline auf ihrem Gestänge darauf platzieren konnten.

Das Äffchen Egon saß mit am Feuer und freundete sich gerade mit Jasons Schäferhund an. Vor dem Wohnwagen lag ein Teppich, der ehemals als Fußabtreter fungiert hatte. Seit dem letzten Starkregen war er jedoch vollständig mit Schlamm bedeckt, Farben und Muster gab es nicht mehr zu erkennen. Egon machte sich einen Spaß daraus, die in der Nähe grasenden Schafe mit Matschklumpen zu bewerfen.

Jessi und Bolle, ein befreundetes Pärchen aus einem der Nachbardörfer, kamen vorbei. Nach einer herzlichen Begrüßung, während der Jessis neues Tattoo gebührend gewürdigt wurde, verschwand Jason in seinem Wohnwagen. Es dauerte eine Weile, bis er unter einem Kleiderhaufen einen klapprigen Campingstuhl freigelegt hatte, den er Jessi galant zum Sitzen anbot. Sie war im achten Monat schwanger. Bolle saß auf dem dicken Baumstamm beim Feuer. Die Unterhaltung drehte sich zunächst um Pits Missgeschick mit seinem Wohnmobil auf der Autobahn. Bald kamen Pit und Jason auf ihre Reisepläne zu sprechen.

Das Thema „Auswanderung" und die damit verbundenen besseren Chancen für die künftige Generation wurden zum bestimmenden Gesprächsstoff dieses Abends sowie während vieler Treffen der folgenden Wochen. Die tatsächlichen Vorbereitungen selbst verliefen eher schleppend. Zum Zeitpunkt als diese Zeilen niedergeschrieben wurden, waren sie noch in vollem Gange.

Welt dreht sich

Welt dreht sich, versteht sich, verstehst's nicht?
Du scheust dich und freust dich vergeblich?

Du hoffst noch und find'st das erstaunlich.
Du wünschst was und hältst es vertraulich.

Verzagen vertagen, das wär's doch!
Verbunden, geschunden, was nützt's noch?

Welt dreht sich, versteh's nicht, verstehst du's?
Vielleicht schickt das Weltall den Gruß.

Die wandelnde Waschmaschine

„Mama, komm schnell, die Waschmaschine geht in der Küche spazieren!"

Mit vor Aufregung roten Backen lief der kleine Peter zu seiner Mutter in den Flur. Elizabeth wollte gerade die wenigen Minuten nutzen, die ihr dreijähriger Sohn damit beschäftigt sein würde, der laufenden Waschmaschine zuzusehen, wie sie seine Lieblingshose abwechselnd versteckte, um sie dann nach wenigen Umdrehungen wieder zum Vorschein zu bringen.

„Mist", fluchte sie innerlich. Über den Speicher, der mit dem Dach der angrenzenden Scheune verbunden war, hatte es wieder eine Mäuseeinwanderung gegeben. Diesmal waren es viele. „Wir müssen die Fallen täglich kontrollieren", hatte Paul gesagt. Der konnte gut reden. Wenn er, wie z. B. jetzt, auf Geschäftsreise war, fiel diese undankbare Aufgabe seiner Frau zu.

Elizabeth unterdrückte ihren Ekel und versteckte hastig die noch nicht von ihrem traurigen Inhalt befreite Falle hinter dem Rücken. Zu spät. Der kleine Peter war pfiffig und er kannte seine Eltern.

„Was haste denn da hinterm Rücken in deiner Hand?"

Für seine drei Jahre waren Wortschatz sowie Satzbau und Aussprache erstaunlich. Peterchen näherte sich seiner Mama und kam dem Mäuseleichnam gefährlich nahe. Was immer es mit der Waschmaschine auf sich hatte, war vergessen.

Elizabeth gab sich Mühe die Wahrheit zu verbergen, ohne lügen zu müssen. „Ich mache bloß im Kämmerchen sauber, es gibt hier viele Spinnenweben und anderes Ekliges."

„Will ich sehen!" Peterchen hüpfte auf und ab. Geistesgegenwärtig erinnerte sich Elizabeth an den Grund seines Hierseins.

„Was erzählst du da? Waschmaschinen können nicht spazieren gehen."

„Können sie wohl. Sie steht schon mitten in der Küche."

„Na, dann schauen wir mal." Elizabeths Ablenkungsmanöver schien geglückt. Es gelang ihr, die Mausefalle unauffällig auf eines der oberen Regalbretter in der kleinen Kammer zu stellen. Sie machte sich eine gedankliche Notiz. „Darf ich nicht vergessen nachher zu entsorgen."

Bevor sie die Küche erreichten, klopfte es laut an der Tür. Jane, eine Nachbarin, stand auf der Treppe und versuchte vor dem Regen Schutz unter dem kleinen Vordach zu finden. In der Hand hielt sie einen Brief. „Ist wieder mal falsch eingeworfen worden." Unter der Kapuze ihrer Regenjacke baumelten Lockenwickler, auf einigen hatten sich Tropfen gesammelt. „Ich verstehe nicht, warum das immer wieder passiert. Zwar haben wir den gleichen Nachnahmen, die Adresse ist jedoch eine ganz andere."

Der letzte Satz war in dem Getöse untergegangen, das von dem kleinen Peter ausging. Sichtlich ungehalten über den Besuch, zog er an Pullover und Arm seiner Mutter, um die Aufmerksamkeit wieder auf sich und sein wichtiges Anliegen zu lenken.

Elizabeth sandte einen entschuldigenden Seufzer in Richtung Nachbarin, nachdem sie den Brief dankend in Empfang genommen hatte. Mrs. Jane Jones war eine ältere Dame mit viel Zeit. „Eure Waschmaschine kann spazieren gehen?" Das wollte sie sich nicht entgehen lassen. In vollem Bewusstsein seiner wieder erlangten Wichtigkeit nickte Peterchen ernsthaft und führte den kleinen Zug in Richtung Küche an.

Ein lautes Krachen, gefolgt von einem Rums, ließ die beiden Frauen ihre Schritte beschleunigen. Peterchen kreischte begeistert.

„Das klang, als ob Holz gesplittert wäre." Elizabeth war besorgt und sich der Abwesenheit ihres Mannes schmerzlich bewusst.

Die Waschmaschine stand nicht direkt in der Mitte des Raumes. Immerhin war sie tatsächlich so weit von der Wand abgerückt, dass man dahinter ein durchgebrochenes Brett sehen konnte.

„Das Holz war wohl morsch und ist durch die Erschütterung der Maschine beim Schleudern kaputtgegangen", analysierte Elizabeth.

Die Nachbarin wollte die Situation näher begutachten und näherte sich dem Brett mit fachfraulicher Mine. Peterchen tat es ihr gleich.

„Das hier war anscheinend eine Halterung, um die Waschmaschine an Ort und Stelle zu halten, und als das Holz kaputt ging, bewegte sie sich durch die Küche."

„Du liebe Zeit", Elizabeth begann das Wasser, das bei der Wanderung der Waschmaschine ausgetreten war, aufzuwischen. „Zum Glück hält der Schlauch noch fest."

Die ältere Dame war immer noch damit beschäftigt, sich das Holz und die betreffende Stelle an der Wand zu betrachten.

„Sieh' mal an, es stimmt tatsächlich, was man sich im Dorf erzählt hat, als der Keller zugeschüttet wurde: Es gab unter der Küche noch einen zweiten Eingang."

Elizabeth hörte mit dem Putzen auf. Es brachte ohnehin nichts, mittlerweile war es Rocco, dem Schäferhundmischling, gelungen, die hintere Küchentür zu öffnen. Hin- und hergerissen zwischen dem Bedürfnis, die Nachbarin zu begrüßen und dem Wunsch, die Waschmaschine anzubellen, trug er zu einer Steigerung des Geräuschpegels in der Küche bei, die Elizabeth dazu veranlasste, eines ihrer recht seltenen Machtworte in Richtung Sohn und Hund zu sprechen.

„Das Holz haben wir nicht angebracht und über den Keller wissen wir so gut wie gar nichts", sagte sie dann. „Die Maklerin erwähnte lediglich, dass das Haus hier wohl ursprünglich eine Kneipe war und die Fässer und Flaschen in einem Keller lagerten, der, als er nicht mehr gebraucht wurde, zugeschüttet worden ist. Paul würde gerne nachforschen, was es damit auf sich hat, aber ich denke, wir haben noch genug Anderes im und am Haus zu tun. Den Umbau von der Kneipe zum Wohnhaus haben schließlich die Vorbesitzer gemacht. Haben Sie Zeit für eine Tasse Tee?"

Jane nahm das Angebot gerne an. „Zwei Zucker bitte und ohne Milch – Dies ist ein sehr altes Haus."

„Die Dokumente gehen über 250 Jahre zurück", bestätigte Elizabeth.

Jane Jones fuhr fort: „Der ‚goldene Löwe' war ein bekanntes Gasthaus. Hier machten Reisende, die auf dem Weg nach Irland waren und zum Hafen nach Hollywell wollten, Rast und wechselten ihre Pferde."

Für einen Moment stand die kleine Gruppe still und betrachtete ehrfürchtig das alte Gemäuer, das zu einem heimeligen Zuhause geworden war.

„Tja, wenn die Wände hier sprechen könnten ...," sagte die Nachbarin, noch bevor sie sich verabschiedete.

Am Abendbrottisch kamen die Ereignisse des Tages zur Sprache. Draußen wurde es dunkel, es hatte aufgehört zu regnen und man konnte gerade noch die sanften Hügel und auf den Weiden grasende Schafe auf der anderen Seite des Flusses erkennen. Im Kamin brannte das Feuer. „Mach' dir um Himmelswillen keine Gedanken wegen der Wand und dem Brett", beruhigte Paul seine Frau. „Ich tausche es am Wochenende aus, befestige die Waschmaschine noch etwas stärker in einer Halterung und dann ist Schluss mit herumwandernden Waschmaschinen, gell!" Er lachte seinen Sohn liebevoll an und tat so, als wolle er ihm eine Nudel vom Teller klauen. „Nicht!", rief Peter und wollte es seinem Papa gleichtun.

Bevor die Situation eskalierte, wechselte Elizabeth das Thema. „Würde mich ja doch mal interessieren, was hier im Haus so alles geschehen ist. Schließlich sind wir extra aus der Stadt aufs Land gezogen, um ein ruhigeres Leben zu haben."

„Lass dich doch nicht kirre machen", während er sprach, lud sich Paul eine zweite Portion auf den Teller. „Gerade weil hier in dem Dorf nichts los ist, suchen sich die Leute etwas, worüber sie reden können. Na ja, und schließlich war das hier ja einmal ein Gasthaus, früher sogar eine Postkutschenstation. Was glaubst du, was da im Laufe der Jahrhunderte so alles passiert ist. Da gab's bestimmt ab und an ordentliche Schlägereien in der Schankstube. Und von den Menschen, die von und nach Irland gereist sind und auf dem Weg hier mit all ihrer Habe und ihren Ersparnissen im Gepäck Rast machten, ist bestimmt auch nicht jeder an seinem Bestimmungsort angekommen."

„Hör auf, mich gruselst gleich", sagte Elizabeth.

„Was ist denn gruseln?", wollte der kleine Peter wissen. Als wäre ihm die Bedeutung des Wortes klar, ließ Rocco, der bis jetzt in der Hoffnung auf ein paar herunterfallende Leckerbissen regungslos bei dem Jungen unter dem Tisch gelegen hatte, ein kurzes Jaulen vernehmen, bevor er sich mit der Vorderpfote die Augen bedeckte.

„Gruseln hat mit Räubern und Geistern zu tun", erklärte Paul seinem Sohn und erntete dafür von Elizabeth einen vorwurfsvollen Blick.

„Wenn wir nicht den Hund hätten, wäre mir schon mulmig mit dem Kleinen alleine, wenn du nachts nicht da bist, vor allem jetzt im Herbst." Elizabeth begann damit, den Tisch abzuräumen. „Kommt helft mir", forderte sie ihren Mann und ihren Sohn auf.

Peterchen hatte anderes im Sinn: „Papa soll eine Geschichte von Geistern und Räubern in unserem Haus erzählen!"

„Hör' auf, nachher schläft er nicht und wir haben die ganze Nacht Zirkus."

„Bitte, bitte, bitte", bettelte Peter.

„Also gut, wenn ich es nicht tue, haben wir den Zirkus sowieso", sagte Paul und zwinkerte seiner Frau, die ihn alarmiert anschaute, beruhigend zu. „Also, von einem Mann, der mit mir zusammenarbeitet, weiß ich, dass die Leute, die vor uns hier gewohnt haben, einmal dachten, sie hätten einen Geist im Haus."

Das Kind war mittlerweile auf Pauls Schoß geklettert und auch Elizabeth hatte sich wieder gesetzt.

„Wer waren die Leute und was war mit dem Geist?", wollte Peter wissen. „Ein bisschen Geduld, auch wenn das für Frechdachse wie dich ein Fremdwort ist, ich erzähle es euch ja gleich."

„Was ist Geduld?" wollte Peter noch wissen, doch diesmal ließ sich Paul nicht unterbrechen. Er liebte es, Geschichten zu hören und auch zu erzählen. Da war er hier im folklorereichen Nordwales genau richtig gelandet. Dies war auch einer der Gründe, aus denen sich Paul in den walisischen Bergen, in die er mit seiner Familie gezogen war, so wohl fühlte.

„Er ist schon ganz lange her, da wohnte hier in dem Haus eine Familie, auch mit Kindern, und die saßen genau wie wir abends beim Essen. Auf einmal hörten sie ein lautes Krächzen und Kratzen und viele merkwürdige Töne, die aus der Wand zu kommen schienen."

Peterchen fragte jetzt nichts mehr und schaute mit großen Augen zu seinem Vater. „Die Familie verhielt sich mucksmäuschenstill, weil sie hören wollten, was das für Geräusche waren. „Es kommt da aus der Wand", rief das jüngste Kind. Ich glaube es war ein kleiner Junge", fuhr Paul fort und streichelte Peterchen übers Haar.

„Es stimmte, das Krächzen kam aus der Wand, direkt da, wo sich der Kamin befand und wo er jetzt auch noch ist. Dann war es auf einmal ganz still, bevor das Kratzen wieder anfing, und zwar noch viel lauter als zuvor. Dazu kam ein leises Tapsen oder Trappeln. Es klang, als würde jemand leicht von innen gegen die Mauer schlagen. Die Familie am Tisch fürchtete sich, sie dachten, es wäre der Geist eines Verstor ..."

„Jetzt ist es aber gut", unterbrach Elizabeth. „Ist das vielleicht eine passende Gute-Nacht-Geschichte?"

„Keine Sorge, hört zu", beeilte sich Paul zu sagen. „Als alle still waren und das Krächzen wieder zu hören war, erkannten sie, dass es sich bloß um einen ein Vogel handelte, der durch den Schornstein nach unten gefallen und jetzt im Kamin gefangen war. Das Trippeln und Klopfen gegen das Mauerwerk rührte von seinen vergeblichen Versuchen her, durch Flügelschlagen wieder nach oben zu kommen."

Ermuntert durch das erleichterte Gesicht seiner Frau fuhr Paul fort: „Erkennen, woher die Geräusche kamen, war eine Sache, zu wissen, was zu tun war, eine andere. Man konnte das Tier ja nicht einfach da im Schornstein verenden lassen! Schließlich mussten die armen Leute fast den ganzen Kamin, den man unten bis auf ein Rohr, das an den Ofen angeschlossen war und durch das der Rauch nach oben abziehen konnte, abgedichtet hatte, öffnen. Dazu benutzten sie einen riesigen Vorschlaghammer. Heraus flog eine große schwarze Krähe. Vollständig von Ruß bedeckt, flatterte sie furchtbar verängstigt und wütend durch das Zimmer. Sie setzte sich überall hin und hinterließ auf Sesseln, Gardinen und Lampenschirmen schwarze Fuß- und Flügelabdrücke. Aus kleinen Knopfaugen schaute sie böse auf die Menschen im Raum, als wären sie nicht ihre Retter, sondern verantwortlich für die missliche Lage der Krähe. Es dauerte eine halbe Ewigkeit, bevor der Vogel schließlich den Weg nach draußen durch die geöffnete Tür fand und noch länger, bevor das Zimmer wieder halbwegs sauber und aufgeräumt war."

„Okay, und wann kam dann mal ein richtiger Geist?", wollte Peter wissen in der Hoffnung, die Schlafenszeit noch ein wenig hinauszuzögern. Papa ließ sich auf nichts ein.

„Weißt du, richtige Geister gibt es wohl nicht. Und wenn manchmal die Leute glauben, sie haben einen durch die Luft fliegen sehen, war es vielleicht nur der Weihnachtsmann auf dem Weg zu den Kindern, um ihnen Geschenke zu bringen."

„Papa, ist bald Weihnachten?"

***

„Jesses, ne!", Gareth Griffiths kratzte sich am Kopf, die Schirmmütze rutschte nach vorne in die verschwitzte Stirn. „Das ist ja der alte Eingang zum Keller!"

Paul und Elizabeth schauten sich und ihn ratlos an. Sie waren sehr froh gewesen, als Gareth, der im gleichen Dorf wohnte, ihnen die Zusage gab, innerhalb weniger Tage zu kommen und sich die Wand, an der die Waschmaschine gestanden hatte, anzusehen. Anfangs war Paul zuversichtlich gewesen, den Schaden selbst reparieren zu können. Er musste jedoch feststellen, dass es nicht damit getan war, ein Brett auszuwechseln. Dahinter bröckelte die Wand, ein Riss lief parallel zum Fußboden entlang. Zudem sah es aus, als fehlte ein Stück Beton.

„Die Maklerin erzählte uns, dass der Keller zubetoniert wurde, als man ihn nicht mehr zum Lagern brauchte."

„Merkwürdig, jesses nee." Gareth Griffiths, der in seinem Berufsleben als Maurer schon viel gesehen hatte, schüttelte den Kopf. „Aber warum füllt man gleich den ganzen Keller mit Beton auf?"

„Und einen guten Job haben sie auch nicht gemacht", wandte Elizabeth ein. „Zumindest war der Beton von schlechter Qualität. Sonst hätte sich die ganze Chose nicht gesetzt."

„Was machen wir jetzt?", wollte Paul wissen. Rocco bellte kurz auf. Der Hund schien die Unruhe von Herrchen und Frauchen zu spüren. Er rannte ungeduldig zwischen Küche und Flur hin und her. Ab und zu hielt er inne und schnupperte, als suche er auch nach einer Antwort. Dann legte er sich zu Gareths Füßen. Der kraulte den Kopf des Tieres, während er nachdachte.

„Also, dem Haus an sich schadet das nicht, da müsst ihr euch keine Sorgen machen. Die Mauern sind aus solidem Schieferstein, sie stehen fest wie eine Burg. Die in den sechziger Jahren eingezogenen Trennwände zwischen Küche, Ess- und Wohnzimmer sind das Problem. Irgendein Schlaumeier hat die Wände mit dem Beton verbunden, und als der sich anfing zu setzen, gab es halt Risse in den dünnen Wänden und natürlich dann auch im Putz an den Außenwänden."

„Wieso setzt sich Beton nach so langer Zeit?", fragte Elizabeth.

„Das hängt unter anderem vom Untergrund ab. Wenn sie das ganze Kellergeschoss so aufgefüllt haben, kann das Problem bald überall auftreten – außer, ihr reißt die Zwischenwände wieder ein." Selbst wenn er Hiobsbotschaften verkündete, war Gareth stolz auf sein Fachwissen.

„Die Wände bleiben, wir brauchen die Zimmer und bei den steigenden Heizkosten ist es gut, wenn man mal Türen schließen kann." Elizabeth sah ihren Mann an. „Reißen wir lieber den Beton raus. Du wolltest doch schon immer mal wissen, was in dem Keller war."

Gareth schüttelte bedauernd den Kopf. „Da findet ihr bestimmt keine Schätze mehr. Als Margret und Bob damals das Haus kauften und die Kneipe endgültig in ein Wohnhaus umbauten, haben sie bestimmt alles Wertvolle aus dem Keller geräumt, bevor sie ihn zuschütteten."

„Margret, ist das die Frau, von der wir das Haus gekauft haben?", wollte Elizabeth wissen.

„Ja, aber wahrscheinlich hattet ihr mehr mit der Tochter Megan zu tun", klärte Gareth auf. „Margret ist alt und im Seniorenheim. Das ist auch der Grund, aus dem das Haus verkauft wurde. Wie man hört, ist sie inzwischen ziemlich dement. Der Tochter war das Haus viel zu groß. Sie ist in einen der gemütlichen neuen Bungalows, die neben der Kirche gebaut wurden, gezogen."

Gareth sah sich noch einmal genau den Balken an, der den früheren Kellereingang markierte. „Den Keller wieder aufmachen? Kein leichter Job, aber machbar. Wusstet ihr, dass die Farmer früher manchmal einen besonders treuen Hund, wenn er gestorben war, in ihr Haus einmauerten, damit er die Familie auch noch nach seinem Tod beschützen konnte?"

Er strich über den abbröckelnden Putz. „Keine Sorge, das war früher. Als der Keller von der Familie Smith zugemacht wurde, gab es diesen Brauch schon lange nicht mehr."

Gareth nahm mit Daumen und Zeigefinger Maß an den in den Trennwänden aufgetretenen Rissen. „Also, was ist, holen wir den Beton raus? Übernächste Woche hätte ich noch Zeit und könnte auch jemand besorgen, der uns bei der Arbeit hilft."

„Halt doch mal den Hund fest!" Paul fühlte sich momentan von der Situation, die eine schnelle und wichtige Entscheidung brauchte, überfordert. Handwerker waren schwer zu kriegen. Roccos hektisches Hin- und Hergerenne und Rumgeschnüffel nervte ihn.

„Sperr' ihn doch grad in das Kämmerchen, bis wir hier fertig sind", sagte er zu seiner Frau und machte dann selbst Anstalten die Tür zum Verschlag unter der Treppe zu öffnen.

Elizabeth stieß einen spitzen Schrei aus. „Maus", rief sie laut und alle wunderten sich.

***

Gareth Griffiths hatte die Familie mit einem plausiblen und aller Voraussicht nach bezahlbaren Plan verlassen, Peterchen lag im Bett und der Hund war auch schon draußen gewesen. Paul und Elizabeth genossen den seltenen Moment ihrer Zweisamkeit bei einem Glas Wein.

„Die Arbeiten im Keller werden trotzdem eine schöne Stange Geld kosten", sagte Paul, als er mit einer Ladung Käsetoast aus der Küche kam. Elizabeth legte einen Holzscheit aufs Feuer. „Den Einbau der Zentralheizung können wir auch noch bis nächstes Jahr verschieben."

Paul nickte. „Komm, setz dich ein wenig zu mir."

Elizabeth ließ ihr Thema nicht los. „Hätten sie uns das mit dem Keller sagen müssen, bevor wir das Haus kauften?"

„Ich wette, so genau wusste das die Frau auch nicht. Sie ist ja in dem Haus groß geworden, das ihre Eltern gekauft hatten. Von irgendwelchen Bauarbeiten hat sie als Kind bestimmt nicht viel mitgekriegt."

„Was die sich damals dabei gedacht haben, den ganzen Keller einfach zuzumachen?"

„Sieht so aus, als könnten wir die Vorbesitzerin nicht mehr fragen, sie sitzt dement im Altersheim. Sie soll übrigens in ihrer Jugend ein ziemlich heißer Feger gewesen sein."

„Was ist das denn für ein Ausdruck? Klingt, als wärst du von vorgestern!"

Paul verteidigte sich: „Du musst zugeben, im Dorf haben die Leute anfangs teilweise komische Bemerkungen gemacht, als sie erfuhren, wir hätten den alten Pub gekauft."

„Das stimmt. Die älteren Leute können sich noch daran erinnern, in ihrer Jugend hier ihr Bierchen getrunken zu haben."

„Genau, und die alte Mrs. Smith, also die Vorbesitzerin unseres Hauses, hat seinerzeit im Pub als Bedienung gearbeitet. Alle waren hinter ihr her, einheimische Gäste so gut wie Durchreisende."

„Woher weißt du das alles?", wollte Elizabeth wissen. Sie lehnte sich an Paul, der mit ihren Haaren zu spielen begann.

„Es gibt Mittagspausen und Kantinen, da hört man so allerlei. Mit einem Iren, der hier oft Station machte, soll sie eine leidenschaftliche Affäre gehabt haben. Die beiden dachten wohl, niemand bekäme es mit, aber alle im Dorf wussten von dem Verhältnis. Sie beschreiben den Mann als groß und stark wie ein Bär. Hitzköpfig soll er gewesen sein. Er legte sich gerne mit den anderen Gästen an, vor allem, wenn sie der Kellnerin, der jungen Margret, schöne Augen machten. Seine Eifersucht war es schließlich, die die ganze Affäre ans Licht der Öffentlichkeit brachte. Es muss wohl eine legendäre Schlägerei, bei der das halbe Mobiliar der Kneipe zu Kleinholz gemacht wurde, zwischen Dorfbewohnern, inklusive Wirt, und diesem Iren – an den Namen scheint sich keiner zu erinnern – gegeben haben."

Da konnte Elizabeth weiterhelfen: „Handelt es sich da vielleicht um einen gewissen Ryan Doyle?"

Paul sah seine Frau fragend an. „Während wir vor der Kita auf die Kinder warteten, haben sich die Mütter mal darüber unterhalten. Er soll mit der IRA zu tun gehabt haben und aus seinen Sympathien am Stammtisch in eben jenem ‚unserem Pub' nie einen Hehl gemacht haben. Die Polizei soll sogar nach ihm gefahndet und im Dorf Fragen gestellt haben. Aber da war er wohl schon untergetaucht."

„Da siehst du, was man auf das Gerede der Leute geben kann. Mir haben die Kollegen erzählt, der Wirt, Aled Evans, wäre auch scharf auf seine Kellnerin gewesen und hätte sich aus Eifersucht mit seinem Gast geschlagen, der sich danach nie mehr blicken ließ. Was den Wirt anbelangt, der soll sein ganzes Hab und Gut versoffen haben, vielleicht aus Liebeskummer, weil er seine schöne Bedienung nicht kriegen konnte. Die hat nämlich bald geheiratet und aus der scharfen Margret wurde die angesehene Mrs Smith, die schließlich mit ihrem Mann den Pub, als er zum Verkauf stand, kaufte und ihn zum Wohnhaus umbauen ließ."

Elizabeth wollte es noch einmal genau wissen: „Also, unser Haus gehörte früher Margret Smith. Die war einmal hier Kellnerin, als das Haus noch ein Pub war. Jetzt sitzt sie im Altersheim, deshalb wurde der Kauf von ihrer Tochter Megan abgewickelt."

„Genau. Und dieses Haus haben Margret Smith und ihr Mann Bob seinerzeit vom Kneipenwirt, einem Aled Evans, gekauft und umgebaut."

„Ja, und was ist aus diesem Aled Evans geworden?", fragte Elizabeth.

„So genau scheint das niemand zu wissen. Er fing wohl, wie gesagt, an zu trinken. Es ging mit ihm ziemlich bergab und dann hat er sich einfach aus dem Staub gemacht."

„Was ist mit Mr. Smith, Margrets Mann? Der muss ja recht gut betucht gewesen sein, denn von ihrem Gehalt als Bedienung konnte sich Margret so ein Haus bestimmt nicht leisten."

„Soweit ich weiß, war er ein ziemlich großes Tier im Schlachthof, den es damals schon hier gab. Ist selbst früh gestorben, wie ich gehört habe. Das Ehepaar hatte nur ein Kind, eben jene Megan, mit der wir den Hauskauf abwickelten."

„Auf der Post im Dorf reden die Leute immer noch von der schönen Mrs. Smith und meinen damit nicht die Tochter, sondern die alte Dame", erinnerte sich Elizabeth. „Was, sagen deine Kollegen, war so besonders an ihr?"

Paul überlegte seine Antwort vorsichtig. Hier betrat er potenziell gefährliches Terrain.

„Sie soll sehr hübsch gewesen sein. Leider hat sie ihr Aussehen nicht an die Tochter vererbt …"

Elizabeth reagierte ärgerlich. „Als sie uns die Schlüssel für das Haus übergab, fand ich die Tochter sympathisch." Elizabeth spürte das Bedürfnis, die junge Frau, die sie einmal im Leben gesehen hatte, zu verteidigen. „Hör auf mit so oberflächlichem Gerede, das sind doch nur Vorurteile über Äußerlichkeiten."

„Ist schon gut, ich mein ja nur. Mit einer dementen Mutter hat sie es nicht gerade leicht. Weißt du, ob Megan verheiratet ist?"

„Soweit ich weiß, nicht. Was spielt das für eine Rolle?"

„Gar keine." Paul sah seine Frau an und es wurde deutlich, dass er an einen Themenwechsel weg von der Diskussion über Leben und Aussehen der Vorbesitzerin ihres Hauses dachte.

Elizabeth beschäftigte noch das Gespräch, das sie soeben geführt hatten. „Da lag doch unter dem alten Teppichboden im Schlafzimmer ein Foto. Warte mal."

„Was willst du denn jetzt mit nem alten Bild?", Paul klang enttäuscht. Elizabeth kam mit einer vergilbten schwarz-weiß Fotografie zurück. Sie hatte weiße gezackte Ränder.

„Alle Achtung", entfuhr es Paul spontan. Er machte keinen Hehl aus seiner Bewunderung für das Aussehen der Frau, die vor dem noch nicht umgebauten Pub posierte und selbstbewusst in die Kamera schaute.

„Das ist doch vor unserem Haus aufgenommen. Der Mann daneben mit der Schürze, der den Arm um das Mädchen legt, ist das vielleicht Aled Evans, der Wirt? Er sieht auch sehr gut aus", sagte Elizabeth mit ein wenig Trotz in der Stimme.

Als hätte er etwas gutzumachen, legte Paul das Bild auf den Tisch und wand sich seiner Frau zu.

„Wenn du dich in so einen knappen Minirock zwängen und eine Bluse, die zwei Nummern zu klein ist, tragen würdest, sähst du ganz genau so scharf aus wie die Braut da auf dem Bild."

Elizabeth seufzte. In puncto Frauenemanzipation war bei ihrem Mann manchmal Hopfen und Malz verloren. Dennoch blieb die Stimmung gut und es dauerte nicht lange, bis Paul und Elizabeth gemeinsam nach oben gingen.

***

„Ihre Mutter ist heute etwas unruhig", sagte die Schwester, als Megan Smith die Station des Altersheims betrat, in dem die alte Mrs. Smith seit eineinhalb Jahren lebte. Megan beschleunigte ihre Schritte.

„Keine Sorge", beruhigte die Schwester. „Es ist nichts Ernstes, sie hat heute nur wieder angefangen zu sprechen – es ist schwer zu verstehen, was sie mitteilen möchte." Im Zimmer angekommen, zog Megan als erstes die Vorhänge ganz auf. Auf den leisen Protest, den ihre Mutter in erster Linie mit Gesten äußerte, reagierte sie nicht. Nachdem Megan Anorak und Tasche abgelegt hatte, gab sie ihrer Mutter einen flüchtigen Kuss auf die frisch ondolierten silbernen Haare. Die alte Dame saß in einem ehemals sehr teuren taubenblauen Kostüm in ihrem Fernsehsessel und hielt ihrer Tochter die grell geschminkten Lippen zum Kuss entgegen.

„Gut, dass du endlich kommst, Liebes", sagte sie. Megan erschrak. Die Fähigkeit zu reden, war ihrer Mutter während der letzten Monate zunehmend abhanden gekommen. Dieser Satz war glasklar gewesen.

„Mama, schön, dass es dir besser geht", sagte Megan aufmunternd, als sie sich wieder gefasst hatte.

„Es ist gut, wenn sie mit Ihrer Mutter sprechen, auch wenn sie denken, dass sie Sie nicht versteht", beteuerten die Betreuer im Altersheim immer wieder. Megan befolgte den Ratschlag gewissenhaft. „Warst du im Singkreis heute Morgen und war es schön?"

„Keiner singt", der Blick der alten Dame wurde wieder unstet. „Muss jetzt heim. Komm, es wird Zeit." Mrs. Smith erhob sich aus ihrem Sessel und machte Anstalten, das Zimmer zu verlassen.

„Mama, du kannst nicht ..." Ihre Tochter hatte Schwierigkeiten, mit dem Tempo der körperlich rüstigen alten Dame Schritt zu halten. Im Gegensatz zu ihrer Mutter war Megan pummelig und nicht besonders groß.

„Nach Hause gehen, jetzt", die brüchige Altfrauenstimme nahm den Tonfall eines quengelnden Kleinkindes an.

Megan wusste, grundsätzlich machte es keinen Sinn mit einer

an Demenz erkrankten Person zu diskutieren. Sie war müde, die Arbeitswoche war lang gewesen. Wider besseres Wissen ließ sie sich auf eine Auseinandersetzung ein.

„Du kannst nicht nach Hause, das Haus ist verkauft."

Mrs. Smith regte sich so sehr auf, dass ihre Worte wieder nur schwer verständlich wurden. „Nicht verkaufen, will, muss heim."

„Mama, da wohnen andere Leute, du wohnst jetzt hier – hier hast du es doch gut." Megan bereute es, ihrer Mutter zugesetzt, anstatt beruhigend auf sie eingewirkt zu haben.

Die Stimmung der Kranken änderte sich plötzlich. „Psst," sagte sie und krallte sich in der Strickjacke ihrer Tochter fest. „Schläft." Sie verfiel wieder in einen Zustand großer Verwirrung und redete von da an nur noch Unverständliches.

Megan war froh, als der Besuch bei ihrer Mutter vorbei war. Es gab Ärger mit dem Haus, obwohl sie es doch rechtmäßig verkauft hatte. Die neuen Besitzer hatten sich gemeldet. Anscheinend waren Mauerrisse aufgetreten und die Familie, die jetzt dort wohnte, wollte wissen, welche Maßnahmen genau ausgeführt wurden, als der Keller zugeschüttet wurde. Es stand die Frage im Raum, ob die Angaben, die beim Verkauf des Hauses über den Zustand der Bausubstanz gemacht wurden, den Tatsachen entsprachen. Megan war ratlos. Sie hatte keine Ahnung von Renovierungsarbeiten. Als das Haus, in dem sie ihrer Kindheit verbrachte, umgebaut wurde, war sie nicht einmal geboren! Ihre Mutter konnte sie nicht mehr fragen. Hoffentlich wollten die Käufer nicht noch den Verkaufspreis nachverhandeln.

***

Der Baulärm machte Elizabeth zu schaffen. Seit Tagen ertrug sie von morgens bis zum Feierabend den Krach der Bohrmaschine, die sich durch den Beton arbeitete. Elizabeth bot oft und gerne Tee an. Die Pausen waren eine Wohltat für ihre Nerven. Den Dorfklatsch, von dem sie dabei durch Gareth und seinen jungen

Mitarbeiter Mikel Kenntnis bekam, fand sie, das musste sie sich eingestehen, interessant. Dies war insbesondere dann der Fall, wenn sich Geschichten um ihr Haus, den alten Pub, drehten und Gareth erklärte, wie die Welt in Wales früher aussah.

„Mein Opa ist in diesem Haus aus- und eingegangen, als es noch ein Pub war, weit und breit der einzige Platz, an dem Fremde übernachten konnten. Da gab es zum Beispiel einen, der kam regelmäßig zweimal im Monat. Tat sehr geheimnisvoll, erzählte, er wäre unterwegs, um wichtige Geschäfte zu machen. Alle nannten ihn einfach „Jimmy", weil er seinen richtigen Namen nicht verraten wollte. Aber er hatte immer Bilder von seiner Familie, Frau und Tochter, dabei. Die hat er jedem, der es sehen wollte oder auch nicht, gezeigt und gesagt, er wäre jetzt wieder auf dem Weg nach Hause. Das hat ihn jedoch nicht daran gehindert, den Mädchen hier im Dorf auf die miniberockten Beine zu starren. Genützt hat ihm das nichts, denn Jimmy war wohl in den Augen der holden Weiblichkeit nicht gerade eine Augenweide. Dann kam er plötzlich nicht mehr. Die Ellis aus dem Postladen hat ihn in Chester gesehen, mit einer Frau und einem kleinen Mädchen. Die sahen gar nicht aus wie auf dem Bild."

„Hat er ne Geliebte in Chester gehabt?" Jetzt spitzte auch Mikel die Ohren.

„Scheint so, wahrscheinlich ist er aufgeflogen, jedenfalls ist er hier nicht wieder aufgetaucht."

Gareth machte Anstalten den Bohrer erneut anzustellen, überlegte es sich dann kurzfristig anders.

„Der Wirt hier, Aled Evans, war im Übrigen auch kein Kind von Traurigkeit. Mein Opa meinte immer, was Frauen anbelangt, ließ der nichts anbrennen."

Nun war Mikel noch interessierter, auch Elizabeth hörte zu, obwohl sie, was den früheren Pubbesitzer anbelangte, dank der Erzählungen ihres Mannes einen Wissensvorsprung hatte. Gareth fuhr gerne in seiner Erzählung fort.

„Es waren die 60er Jahre, die Idee von der ‚freien Liebe' schaffte es zwar nicht ganz bis zu unserem Dorf. Immerhin wurden die Dinge etwas freizügiger. Man munkelt sogar, dass die gute Margret, als sie hier zu arbeiten begann, und Aled etwas miteinander hatten."

„Margret Smith, von der wir das Haus gekauft haben?" Schaltete sich Elizabeth ein bisschen scheinheilig ein.

„Ja, genau die. Jetzt sitzt sie im Altersheim und verliert zunehmend ihren Verstand, wie man hört. Schade drum. In ihrer Jugend war sie schon etwas. Jeden hätte sie haben können, egal, ob Gast oder Wirt. Später ist sie dann zur Ruhe gekommen, richtig bodenständig geworden, als sie geheiratet hat."

„Wie ist sie dann in den Besitz des Hauses gekommen", wollte Elizabeth wissen. Sie hatte eine neue Runde Tee gemacht, den sie für die Männer wunschgemäß mit Milch und Zucker, für sich selbst nur mit Milch angereichert hatte.

Gareth wusste auch darüber Bescheid. „Mit Aled ging es zunehmend bergab. Was genau der Grund war, weiß man nicht. Wenn ein Wirt anfängt, sein bester Kunde zu werden, ist das immer ein schlechtes Zeichen. Ob seine Frau genug von den ewigen Liebschaften ihres Mannes hatte, jedenfalls war sie eines Tages mit den beiden Kindern weg. Mit der Sauferei wurde es bei Aled immer schlimmer. Schließlich machte er sich aus dem Staub, noch bevor der Pub versteigert war. Es stellte sich heraus, dass er hoch verschuldet war. Das bisschen Geld, das noch übrig blieb, bekamen die Kinder. Ist ja gerecht. Die leben mittlerweile irgendwo im Süden."

„Und Margret Smith, die jetzt im Altersheim ist, hat das Haus gekauft von dem Mann, mit dem sie wahrscheinlich ein Verhältnis hatte?" Elizabeth wusste, worüber sie mit Paul heute Abend beim Essen noch einmal sprechen würde.

„Ja, Margret und ihr Mann Bob. Sie waren inzwischen verheiratet. Man sagt, sie haben einen erstaunlich hohen Preis für den Pub bezahlt. War lange nichts mehr dran gemacht worden. Noch bevor die kleine Megan geboren wurde, bauten Margret und Bob es zum Wohnhaus um."

„Und schütteten den Keller zu", ergänzte Mikel.

„Ja, und wenn wir uns nicht ranhalten, bleibt er das auch, also, weiter geht's."

Elizabeth entfernte sich schnell. Die nächste Lärmpause würde es erst geben, wenn die beiden Männer damit beschäftigt wären, Bauschutt aus dem Haus in den auf dem Hof stehenden Container zu karren.

***

Es war Freitagnachmittag. Als die Bohrmaschine auf einmal recht lange schwieg, dachte Elizabeth bei sich, „die fangen aber früh mit dem Wochenende an".

Die Männer waren jedoch nicht nach Hause gegangen, sondern standen in der Tür zu dem kleinen, an die Küche angrenzenden Büro, in dem Elizabeth vergeblich versuchte, sich zu konzentrieren.

„Madam, Sie haben eine Leiche im Keller."

***

Megan war außer sich. Sie hatte Besuch von der Polizei gehabt. Wenn die Handlungen in Fernsehkrimis in etwa der Wirklichkeit entsprachen, war das, was die Beamten mit ihr veranstalteten, ein Verhör gewesen. Wenigstens hatte man sie nicht aufs Revier bestellt.

Ein Toter im Keller, in dem Haus, in dem sie groß geworden und alles in allem eine schöne Kindheit erlebt hatte! Wie lange die Leiche da lag und um wen es sich handelte, stand im Augenblick noch nicht fest. Die Obduktion sollte das ergeben. Die Leiche lag vom Beton eingeschlossen, was den Verwesungsprozess beeinflusst hatte. Eine Identifizierung war schwierig. Es handelte sich wahrscheinlich um eine männliche Leiche. Selbst wenn es möglich war, DNA zu bekommen, müsste man erst einmal an

Vergleichsproben herankommen. Denn dass der Tote schon viele Jahre im Keller gelegen hatte, stand fest.

Sollte sie zu den Jones, die das Haus gekauft hatten, gehen und mit ihnen sprechen? Ihnen gegenüber hatte Megan ein schlechtes Gewissen. Sie waren in dieses Dorf gezogen, um dem Großstadtstress zu entkommen.

Verzweifelt kramte Megan in ihrem Gedächtnis. Sie konnte sich an nicht ein Vorkommnis, an kein Gespräch erinnern, aus dem auch nur ansatzweise der Verdacht abzuleiten gewesen wäre, ihr Haus verberge ein so schreckliches Geheimnis.

Ihre Mutter müsste sie fragen – das konnte sie nicht. Die wachen Momente, in denen ihr ihr Geist noch zur Verfügung stand, waren sehr selten geworden. Die Wahrscheinlichkeit in dieser kurzen, sporadisch auftretenden Zeit etwas von vergangenen, unheimlichen Vorkommnissen in ihrem Haus zu erfahren, war äußerst gering. Nach einer anfänglichen, von einer einfühlsamen Polizistin behutsam durchgeführten Befragung, verzichteten selbst die Ermittlungsbeamten auf weitere Versuche, mit der alten Dame zu sprechen.

Dann lag das Untersuchungsergebnis der Obduktion vor. Die Leiche war männlich und lag seit über dreißig Jahren im Keller. Mit weiteren Informationen, vor allem, um wen es sich bei dem Toten handelte, hielt sich die Polizei bedeckt. Megan spürte, da war noch etwas, über das nicht gesprochen wurde. Immerhin, ihr gegenüber verhielten sich die Beamten freundlich. Es stand ja fest, dass sie nichts mit dem tödlichen Ereignis, das aller Wahrscheinlichkeit nach noch vor ihrer Geburt stattgefunden hatte, zu tun haben konnte.

„Versuchen Sie, sich zu erinnern", drängte die zuständige Kriminalbeamtin. „Was immer geschehen ist, es muss um die Zeit passiert sein, als ihre Eltern das Haus kauften und dann den Keller stilllegten. Können Sie sich an Gespräche in ihrer Kindheit, vielleicht ganz harmlos erscheinende, erinnern, bei denen darüber gesprochen wurde, warum man auf den Keller verzichtet hatte, warum er zugeschüttet wurde und von wem? Sagt Ihnen der Name ‚Ryan Doyle' etwas?"

„Große Bau- und Renovierungsarbeiten wurden ausschließlich von meinem Vater organisiert. Er ist schon lange tot."

Die Beamtin ließ nicht locker. „Trotzdem, Ihre Mutter wird etwas gewusst haben."

„Sie hat recht", musste Megan sich eingestehen, als die Polizistin endlich gegangen war. Das Getratsche im Dorf wurde lauter und Megan spürte steigendes Misstrauen auch ihr gegenüber. Einmal, als sie in der Post in der Schlange stand, hörte sie, wie sich zwei vor ihr Wartende ungeniert über den unheimlichen Fund im alten Pub unterhielten. „Wer weiß, vielleicht hat der gute Ed einen Schuldner, der nicht mehr auf sein Geld warten wollte, um die Ecke gebracht und im Keller verbuddelt."

„Und dann haben die Smiths, als sie das Haus gekauft haben, nicht gemerkt, dass da in ihrem Keller ein Toter liegt? Und warum haben sie dann den Keller zugemauert? Ich sage dir, es war der gute Bob Smith selbst. Er hatte sicherlich, als er anfing, sich für die schöne Margret zu interessieren, die Nase voll von den Nachstellungen seiner Mitbewerber. Eines Tages hat er dann einen davon, vielleicht im Streit und im Affekt, um die Ecke gebracht."

„Könnte sein," mischte sich eine Frau ein, die mit einem Riesenpaket ebenfalls am Schalter wartete. Man konnte ihr Gesicht nicht sehen, sondern nur einen blauen Regenhut, der, während sie sprach, geschäftig hin- und herwackelte. „Vielleicht liegt da unten sogar Ed der Wirt."

„Du meinst, er ist gar nicht weggegangen, sondern Bob hat ihn umgebracht? Das glaubst du doch selber nicht!" Die Sprecherin drehte sich um und nickte Megan aufmunternd zu. Sie erkannte Jane Jones, ihre frühere Nachbarin.

„Könnte doch sein, schließlich hat ihn, nachdem er angeblich weggegangen war, keiner mehr gesehen", sagte der Hut gewichtig und merkte nicht, dass er eigentlich dran war und den Betrieb aufhielt. Die Zuhörerschaft störte das auch nicht. Jeder hatte eine Theorie.

„Ich denke ja, es war der Ire", erklärte der Postbeamte, der sich aus seinem Schalter über den Tresen beugte, um sich an dem Gespräch zu beteiligen. „Die nette Beamtin, die mit ihrem bissigen Kollegen hier die Haus- zu Hausbefragung durchführte und alle alten Leutchen ausquetschte, wollte von meiner Mutter wissen, was sie von dem Iren wusste, der, laut anderer Zeugenberichte, in dem Pub für eine ganze Weile aus und einging. Ob er sich außer für Frauen auch für andere Dinge interessiert hätte, die verdächtig erschienen."

„Was heißt hier verdächtig, was wollen die nach so langer Zeit noch?"

„Es ging wohl darum", sagte der so Angesprochene und richtete sich, angesichts der neu gewordenen Wichtigkeit ganz auf, wobei er seiner Kundin, der Frau mit Hut, die als erstes in der Schlange wartete, trotzdem nur bis zum Kind reichte. „… dass dieser Mann eine ziemlich große Rolle bei Sinn Fein spielte und in die Unruhen mehr verstrickt war; als man bisher annahm."

Megan fühlte sich zunehmend unwohl in ihrer Haut und war heilfroh, als sie an die Reihe war und sie dem Schalterbeamten an der Post durch Gesten zeigen konnte, wie eilig sie es hatte und wie wenig sie auf die Unterhaltung der anderen gab. Der erdreistete sich, bevor er Megan bediente, zu fragen: „Und Ihre Mutter hatte von all dem keine Ahnung? Das kann doch gar nicht sein, oder?" sagte er noch provokant in die mittlerweile kräftig angewachsene Runde.

„Stimmt schon", gestand sich Megan ein. Mama musste etwas gewusst haben. Sie nahm sich vor, es noch einmal zu versuchen. „Ich verbringe so viel Zeit mit Mama wie nötig, bis sie für einen Moment klarsieht und sich erinnert, egal, wie lange es dauert." Mit dem Personal wollte sie auch sprechen, vor allem mit den Personen, die sich besonders um ihre Mutter kümmerten.

Diese Fährte war es dann auch, die zum Erfolg führte. Einen jungen Pfleger, dem Megan bis dato nicht viel Beachtung geschenkt hatte und mit dem sie über den Austausch von oberflächlichen Höflichkeiten nie hinausgekommen war, hatte, wie es schien, die alte Mrs. Smith zum Vertrauten auserkoren.

„Der Polizei musste ich es ja nicht gerade auf die Nase binden", sagte er. „Manchmal erinnert sich Margret schon an früher. Besonders abends, während ich sie fürs Bett zurechtmache, ist sie zuweilen sehr gesprächig." Der junge Mann lächelte. „Sie kann dabei ziemlich anzüglich werden. Sehe ich vielleicht zufällig Ihrem Vater ähnlich?"

„Nein, auf keinen Fall, ich sehe so aus wie Papa, er war auch eher rundlich und sogar kleiner als Mama", antwortete Megan mit leichtem Bedauern.

„Jedenfalls erzählte ihre Mutter oft von Briefen", fuhr der Pfleger fort. „Sie wurde dabei sehr aufgeregt und verlangte von mir, ich solle sie holen und verbrennen. Wenn sie so drauf ist, kostet es mich all mein Geschick, die Gute wieder runterzubringen."

Die nächsten Tage verbrachte Megan damit, die Kartons zu durchsuchen, die die Dinge ihrer Mutter enthielten, die Megan beim Umzug in den Bungalow, in dem sie jetzt wohnte, mitgenommen hatte.

„Normalerweise findet man so etwas im Speicher", dachte sie bei sich. Den hatte sie, bevor das Haus an die Familie Jones verkauft wurde, aufgeräumt. Außer Mäusekot war nicht viel zu finden gewesen. Definitiv keine Briefe. ‚Die hätten die Viecher ja auch schon längst aufgefressen', dachte sich Megan. Mehr als sonst ging sie bei ihren Besuchen im Heim auf ihre Mutter ein, wenn diese von früher sprach. Es fiel Megan schwer, sich zu beherrschen, wenn die Rede auf ihre Kindheit und das Haus, in dem sie lebten, kam. Sie wusste, wenn ihre Mutter das Gefühl bekam, bedrängt zu werden, könnte sie gar nichts mehr aus ihr herausbekommen.

Ihre Bemühungen blieben vergeblich. Megan war drauf und dran aufzugeben, als ihre Aufmerksamkeit auf eine unscheinbare Dose hinten auf einem Regal in der kleinen Vorratskammer ihres neuen Zuhauses gelenkt wurde. Halb verdeckt von anderen Vorräten stand sie da. Megan fiel auf, dass sie, im Gegensatz zu all den anderen Behältnissen, keine Ahnung hatte, was in der Blechdose aufbewahrt wurde. Beim Umzug hatte sie sie einfach mit den anderen Behältern mitgegriffen.

Der Deckel war schwierig aufzubekommen. Er war offensichtlich Langem nicht mehr bewegt worden und zeigte deutliche Spuren von Rost.

Die Briefe, die Megan schließlich darin entdeckte, bestanden aus zwei getrennten Bündeln. Das eine war sorgfältig mit einem Band zusammengebunden. Es enthielt die Liebesbriefe, die zum großen Teil von ihrer Mutter an Aled Evans, ihren damaligen Chef und Liebhaber, geschrieben wurden. Es gab auch einige Briefe, eher kurze schriftliche Notizen, von Aled, die waren im Tonfall nüchterner. Der Inhalt war meist pragmatischer Natur, es ging um das Arrangieren von Treffen. Manchmal wurde ein vereinbartes Rendezvous auch abgesagt, dann klang der Ton zärtlicher, als wolle er die Geliebte mit einer Entschuldigung beschwichtigen.

Bei den Briefen jüngeren Datums handelte es sich um die Papiere, die lose und manchmal sogar geknickt in der Dose gelegen hatten. Es war ein eigenartiges Gefühl für Megan, sich ihre Mutter verliebt vorzustellen. Sie hatte die Beziehung zwischen ihren Eltern als eher pragmatisch, wenn auch von gegenseitigem Respekt geprägt, erlebt. Diese letzten Briefe, mit einem ein wenig jüngerem Datum, bedrückten Megan noch im Nachhinein. Es war offensichtlich, dass das Verhältnis zwischen Margret und Aled abgekühlt war. Es ging um nicht eingehaltene Verabredungen und gebrochene Liebeversprechen. Während die junge Margret die Verbindung zunehmend distanzierter erlebte, klang Aled fordernd und in seiner letzten Nachricht geradezu drohend.

Habe wegen dir nun alles verloren

stand da in krakeliger, undeutlicher Handschrift, die Megan mit Mühe entzifferte.

Mary und die Kinder sind weg. Sie hat alles rausgefunden. Nachdem ich sie ausgezahlt habe, gehört mir auch der Pub nicht mehr. Mit deiner Unvorsichtigkeit hast du alles verdorben. Wenn du nicht möchtest, dass auch dein Mann von der ganzen Sache erfährt, musst du mir helfen. Wir treffen uns morgen Abend, wie immer im Keller. Sei pünktlich und überlege dir schon mal, wie du mir aus meinem Schlamassel raushelfen kannst. Schließlich verdient dein Mann in seinem Job im Schlachthof gut.

Anscheinend war ihre Mutter von ihrem Liebhaber erpresst worden. Megan saß eine Weile ganz still auf dem Stuhl in der Küche und überlegte, warum erstens ihre Mutter diesen letzten Brief mit all den anderen aufgehoben hatte und zweitens, was sie nun tun sollte.

Hatten Margret und Aled sich noch weiterhin getroffen, nachdem Margret schon verheiratet war? War Megan gar am Ende die Tochter dieses Aled, der, wollte man der Dorffolklore, die natürlich auch Megan bekannt war, glauben, einen äußerst liederlichen Lebenswandel geführt und sich durch Alkohol ruiniert hatte. Ein Blick in den Spiegel beruhigte Megan, was die Frage ihrer Abstammung betraf. War sie, vor allem in ihrer Jugend, betrübt darüber gewesen, die gedrungene Statur und eher schwammigen Gesichtszüge ihres Vaters geerbt zu haben, konnte sie doch gewiss sein, nicht die Tochter dieses Aled zu sein, der, zumindest bevor der Alkohol sein Gesicht aufgedunsen werden ließ, von den Leuten im Ort, die ihn als geselligen Wirt gekannt hatten, als äußerst attraktiv beschrieben wurde.

Was sollte sie mit dem Brief machen? Ihn der Polizei geben war keine gute Idee. Denn wenn Aleds Worte ihn im Nachhinein auch eindeutig als Schuft identifizierten, konnte das Schriftstück ihre Mutter stark belasten, sollte der Tote Aled Evans sein. Der frühere Liebhaber hatte ihre Mutter erpresst. Er wollte Schweigegeld von seiner Geliebten, damit deren neues Eheglück nicht gestört wurde und er Geld hatte, um ein neues Leben anzufangen. Was war bei diesem, anscheinend auf den Brief folgenden, Treffen geschehen? Hatte sie am Ende ihre Kindheit und Jugend in einem Haus zugebracht, in dem die einbetonierte Leiche des Liebhabers ihrer Mutter lag?

***

„Bei dem Toten handelt es sich zweifelsfrei um Aled Evans, ehemaliger Pubwirt, von dem Ihre Eltern das Haus kauften," informierte die Beamtin. „Die Indizien belegen, dass er vor ziemlich genau dreißig Jahren in dem Keller, der kurz darauf zugeschüttet wurde, ums Leben kam." Die Polizistin, die diesmal in Begleitung eines älteren Kollegen gekommen war, erzählte Megan weiter, dass der Rücken der Leiche mit Glassplittern übersät gewesen war. Es waren auch im Umfeld der Stelle, an der der Tote gelegen hatte, Glassplitter gefunden worden. Sie stammten von Weinflaschen. Der Fundort der Leiche war ganz sicher der Ort, an dem der Mann seinerzeit zu Tode gekommen war. Es gab auch Holzreste. Die Polizei ging davon aus, dass ein Regal mit Flaschen gefüllt auf den Mann fiel. Anschließen war versucht worden, dies zu vertuschen. Flaschen und Regal hatte man sorgfältig entfernt, bevor schließlich die Leiche im Keller mit Beton zugeschüttet wurde.

Der ältere Polizist war in Zivil. Obwohl er nicht viel sagte, fühlte sich Megan von dem Mann eingeschüchtert. Daran änderte auch die scheinbare Entschuldigung nichts, die er nun hervorbrachte: „Sie verstehen, wir müssen der Sache, auch wenn sie Jahrzehnte zurückliegt, detailliert nachgehen. Aufgrund Ihres jungen Alters steht natürlich fest, dass Sie mit der ursprünglichen Tat nichts zu tun haben können." Der Beamte versuchte, verständnisvoll zu klingen, es gelang nur ansatzweise. „Seit dem Augenblick, in dem die Leiche im Keller ihres Hauses gefunden wurde, steht logischerweise ihre Familie unter Verdacht."

„Meine Eltern hätten doch niemals so etwas Furchtbares gemacht!", beteuerte Megan.

Jetzt war der Beamte nicht mehr so freundlich. „Ihre Eltern betonierten, unmittelbar nachdem sie das Haus gekauft hatten, den Keller zu. Die Arbeiten wurden sehr dilettantisch, sprich nicht von Facharbeitern, sondern doch wohl von den Hausbesitzern durchgeführt. Warum das Ganze? Darauf gibt es bis heute keine vernünftige Antwort. Wer immer den Beton da unten reinkippte, wusste, da lag ein Toter, gut sichtbar, zwei Meter von der Treppe entfernt."

Megan war verzweifelt. Es ging nicht nur um den Ruf ihrer Eltern, sondern auch um ihre Zukunft in der kleinen Dorfgemeinschaft. „Was auch immer damals passiert ist, kann doch auch ein Unfall gewesen sein!"

„Liebe Miss Smith", sagte der Kriminalbeamte und es klang ziemlich von oben herab. „Die Polizei hat natürlich bei ihren Ermittlungen von den Gerüchten über ein Verhältnis zwischen Ihrer Mutter und dem Opfer erfahren. Das Motiv dieser Tat liegt also klar auf der Hand."

Der Beamte warf seiner Kollegin, die mitleidig auf Megan blickte, einen mürrischen Blick zu. „Was damals genau in dem Keller geschehen ist, werden wir wahrscheinlich nie erfahren. Auch wenn die Tat nicht verjährt, die möglichen Verdächtigen oder ‚Zeugen' sind tot oder so krank, dass sie nicht mehr befragt werden können."

Megan gab nicht auf. Wenigstens ihre Mutter, die ja noch lebte, wollte sie schützen. „Also kann es sich doch um einen Unfall handeln, unabhängig davon, wer damals im Keller darin verwickelt war. Die Splitter im Rücken beweisen, dass das Regal auf den Mann draufgefallen ist. Um so ein Regal, voll mit Flaschen, umzustoßen, braucht es enorme Kraft!"

„Nun, Ihre Mutter durfte ich ja kennenlernen. In jungen Jahren wäre sie für so eine Tat bestimmt stark genug gewesen. Ein Unfall war das ganz sicher nicht", ein süffisantes Lächeln deutete sich auf dem Gesicht des Kriminalbeamten an. „Das Regal mag, wie auch immer, auf Aled Evans draufgefallen sein. Der Rücken der Leiche war über und über bespickt mit Glasscherben. Aber dann hatte ihn jemand umgedreht und eine große spitze Scherbe direkt in sein Herz gestoßen, da hat sie über dreißig Jahre lang dringesteckt."

***

„Bleiben wir oder ziehen wir wieder aus?" Elizabeth und Paul saßen vor dem Haus auf dem Treppenabsatz. Das war einer ihrer Lieblingsplätze. Besonders an Abenden, wenn der Tag sich kurz vorm Dunkelwerden mit einem plötzlichen spektakulären Sonnenuntergang verabschiedete, nachdem er es seit dem frühen Morgen aufs Land hatte regnen lassen.

Der kleine Peter lag im Bett, eingeschlafen war er nicht, die Sonne schien direkt in sein Zimmer und wurde auch von den dicken Vorhängen nicht abgehalten, das Kind wachzuhalten. Einstweilen spielte der Junge ruhig in seinem Zimmer und gönnte seinen Eltern eine wohlverdiente Pause. Diese nutzen Elizabeth und Paul dazu, über ihre Zukunft nachzudenken.

„Ich weiß nicht, ob ich jemals wieder in die Küche gehen kann, ohne an die Leiche im Keller zu denken", meinte Elizabeth.

„Vielleicht doch, mit der Zeit," antwortete Paul. „Das alles ist lange her. Der lag da unten, als Menschen hier aus- und eingingen, fröhlich waren und anscheinend ahnte keiner etwas. Sie alle dachten, Aled Evans hat, nachdem er Hab und Gut versoffen und seine Familie vergrault hat, selbst das Weite gesucht. Das hier ist ein sehr altes Haus, in dem sich im Laufe der Jahrhunderte viele gute Geschichten und sicherlich auch schlimme ereignet haben. Vom Schicksal eines seiner früheren Bewohner wissen wir jetzt. Immerhin kann Aled Evans nun in Frieden ruhen."

Paul sah seine Frau an und legte den Arm um ihre Schulter. „Wir sollten auch schlafen gehen."

Gemeinsam gingen sie ins Haus. Bevor Paul die Tür schloss, hörte Elizabeth noch ein Käuzchen rufen.

Sanftes Land

Die sanften Hügel von Wales, im Abendlicht leuchten sie blau.
Bald kommt die dunkle Nacht, die heut' nicht ihr Sternenkleid trägt
und tröstet den uralten See. Seine Tiefe kennt niemand genau.
Am Ufer die kleine Gestalt verrät nicht, was sie wirklich bewegt.

Siehst du dort die Punkte in weiß? Ach, eigentlich sind sie schon grau.
Die Schäfchen futtern ihr Gras, sie haben das Land hier geprägt,
gefangen in Mauern aus Stein – schnell schlüpf durch das Loch und sei schlau!
Du kennst dein Schicksal noch nicht, das der Mensch morgen für dich erwägt.

Es gibt eine Treppe vorm Haus, die lädt zum Verweilen ein,
da träum' ich von Sonne und Licht und esse den warmen Toast.
Zum Glück sitze ich hier mit dir, genieße mein goldnes Glas Wein.

Ein leichter Wind weht her, bringt seinen lieben Trost.
Bald gehe ich weg von hier – und weiß nun bin ich allein.
Der Geist vom See weint leis und lächelt dann erbost.

Es war ein schöner Tag

Liebes Tagebuch,
ein Sonnenuntergang auf einem Autobahnrastplatz kann sehr schön sein. Während ich hier sitze und auf Johannes und auf das, was dieser Abend noch bringen mag, warte, genieße ich die Stille tief in mir drin und, im Gegensatz dazu, das noch rege Treiben draußen auf dem Parkplatz. Familien machen Rast und essen an einem der Picknickplätze zu Abend. Manche Autos halten nur kurz an, weil der Fahrer eben mal zur Toilette muss und an die Firma Sanifair keine 70 Cent zahlen möchte. Auf der Wiese rennt ein Hund dem Frisby, das sein Herrchen unermüdlich wirft, hinterher. Etwas abseits im Schatten steht ein großer Lastzug. Wahrscheinlich schläft da drinnen der Fahrer, um seine Fahrtüchtigkeit wiederherzustellen.

Mit dem Wein muss ich vorsichtig sein, sonst bin ich betrunken, bis Johannes wiederkommt. Ja, so geht es manchmal im Leben. Da fahre ich ganz emanzipiert mit meinem Wohnwagen alleine durch Europa, kenne mich mittlerweile auch mit der Technik aus und führe sogar kleine Reparaturen durch, wenn mein fahrbares Zuhause sich einmal eine kleine Blessur zuzieht. Selbst ist halt die Frau. Und nun warte ich mit dem Essen, das langsam kalt wird, auf einen Mann, nachdem ich mich in dem Spiegel der kleinen Campingdusche schön gemacht habe. Ich stehe zu meinen Widersprüchen.

Ja, liebes Tagebuch, das war schon eine Überraschung, als ich heute Nachmittag den Johannes nach so vielen Jahren wieder getroffen habe, die Welt ist tatsächlich klein.

Johannes, die große Liebe meiner späten Teenie-Jahre. Aber, er war mit meiner besten Freundin Luise liiert. Damals nahmen wir das mit der Frauensolidarität sehr ernst und die Freunde anderer Frauen waren tabu. So viel musste Frau ihre Gefühle schon im Griff haben. Dabei war die strenge christliche Moralerziehung, die ich in meiner Kindheit genießen durfte, sicherlich hilfreich. Als das mit Luise und Johannes dann doch auseinanderging, war mein Leben bereits auf einer anderen Schiene und wir verloren uns aus den Augen.

Und dann treffen wir uns an der Tankstellenkasse auf der Autobahn und erkennen uns sofort! Er war so attraktiv wie früher. Es gelang ihm, im Business Anzug entspannt auszusehen, und er schien beeindruckt, dass ich als unabhängige Frau im Wohnwagen reise und sozusagen im mobilen Homeoffice als Designerin meiner Arbeit nachgehe.

„Lass heute einmal Arbeit Arbeit sein", schlug er vor. In seinem Tonfall lag die selbstverständliche Erwartung, dass ich diesem Vorschlag folgen würde. So nahm er denn auch gleich die weitere Planung in die Hand. „Lass dein Auto und den Wohnwagen hier stehen, wir fahren in meinem Cabrio und machen uns einen schönen Tag in der Stadt." So geschah es dann auch. Wir mieden die Fußgängerzone und Geschäfte, in denen, bedingt durch den zurzeit grassierenden Virus, Maskenpflicht bestand. Stattdessen spazierten wir am Fluss entlang. Zweimal hätte er mich beinahe geküsst. Dass er es dann doch nicht tat, enttäuschte und erleichterte mich zugleich.

Alle Tage nehmen ein Ende und bei schönen Tagen geht dies besonders schnell. Wir hatten Hunger. Johannes bestand darauf, mich in ein schickes Restaurant einzuladen. „Wir gehen ins Chez Nous", sagte er. „Da bin ich früher immer hin, wenn ich hier in der Stadt war. Hoffentlich ist es noch genauso gut." Dann kamen wir in das Restaurant wegen der bestehenden Corona-Regelung nicht hinein. Johannes wurde wütend und ich erlebte ihn von einer Seite, die ich bis jetzt nicht an ihm gekannt hatte. Er wurde sehr zornig, es fehlte nicht viel und er wäre dem Kellner gegenüber handgreiflich geworden. Die Aufmerksamkeit des gesamten Lokals lag auf uns und ich schämte mich fürchterlich.

Plötzlich war ich froh, dass damals aus uns nichts wurde und ich fragte mich, ob diese Unbeherrschtheit der Grund war, aus dem Luise und Johannes sich trennten. Mehr, um dem peinlichen Augenblick ein Ende zu machen als aus wirklicher Begeisterung, schlug ich vor, zurück zum Wohnwagen zu fahren. „Ich bin eh müde und werde jetzt über Nacht dort bleiben. Ich mache uns etwas zu essen, mal sehen, was ich aus den Dosen in meinem Vorrat zaubern kann", versuchte ich einen Scherz. „Und anschließend kannst du dann gemütlich in dein Hotel fahren." An dem Ausgang des Abends wollte ich keinen Zweifel lassen.

Johannes sah mich merkwürdig an. Schließlich lächelte er und kam mit einer liebevollen Geste auf mich zu. „Alles klar, so machen wir's. Aber wir essen nicht hier, das ist ja kein Rastplatz, sondern ein Rummelplatz. Die Leute mit den Masken vor dem Gesicht gehen mir auf die Nerven. Lass uns die paar Kilometer bis zum nächsten Parkplatz fahren. Ich kenne die Strecke und weiß, nur wenig weiter ist ein kleiner Parkplatz, eine richtige Oase, ohne Läden, Tankstelle und Tamtam. Ich fahre vor, du kommst nach, wir essen was und dann fahre ich ins Hotel."

Wieder war es so, als gäbe es zu diesem Vorschlag keine Widerspruchsmöglichkeit. Der Abend lief gut an. Wir sprachen über alte Zeiten. Wenn im Gespräch deutlich wurde, dass unsere Standpunkte zu weit auseinanderlagen, verließen wir schleunigst das Terrain und redeten über etwas anderes.

Wie es genau passiert ist, kann ich im Nachhinein gar nicht mehr nachvollziehen. Er saß in der kleinen Sitzecke meines Wagens, ich stand am Herd und schnippelte Zwiebeln. Die Tür nach draußen stand halb offen. Da schaffte er es tatsächlich beim Öffnen des alkoholfreien Weines, den er vorgeschlagen hatte, weil er ja noch fahren musste, die Flasche so ungeschickt umzukippen, dass sich der ganze Inhalt über den Tisch und den Boden des Wagens ergoss. „Das tut mir schrecklich leid." Er half mir beim Aufwischen. Ich hatte ihn im Verdacht, es extra gemacht zu haben. Denn jetzt konnten wir nur wählen zwischen abgestandenem Mineralwasser, Tee oder richtigem Wein mit Alkohol, was einen potenziell völlig anderen Verlauf des Abends nach sich gezogen hätte.

„Sehr gerne würde ich hierbleiben." Er wurde richtig verständnisvoll und seine Stimme klang weich. Mein Herz machte einen Sprung, ich fühlte mich in meine Jugend versetzt. Dann besann ich mich und trat einen Schritt zurück. Er lenkte ein. „Bevor Dinge geschehen, die du vielleicht hinterher bereust, fahre ich lieber noch einmal schnell in die Stadt und hole neuen, ungefährlichen Wein." Er lächelte so schelmisch, es war unwiderstehlich. Ich überlegte noch, ob ich protestieren sollte, da hatte er bereits den Autoschlüssel und, trotz der Hitze, sein Sakko geschnappt. Als das Cabrio anfuhr, winkte er mir lässig im Rückspiegel zu.

Jetzt sitze ich hier und genieße einerseits die Idylle, einen Sonnenuntergang, der den Himmel über den Baumwipfeln des Rastplatzes in kräftige Farben taucht. Gleichzeitig mache ich mir Gedanken, wie ich das Essen warmhalten und vor dem Verfall retten kann. Johannes ist schon eine ganze Weile weg. Wo bleibt er nur? Langsam vergeht mir die Lust, auf ihn zu warten. Ich wünschte, ich könnte jetzt in Ruhe die Gemütlichkeit meines mobilen Zuhauses genießen. Wenn ich auf längeren Fahrten auf der Autobahn übernachte, suche ich mir immer größere Rastplätze mit Restaurants und viel Betrieb aus, weil ich nicht gerne alleine irgendwo stehe. Hier auf dem Parkplatz werden die Autos immer weniger. Im Lastwagen da vorne hat sich noch nichts gerührt. Wahrscheinlich ist da gar keiner drin und der Fahrer übernachtet woanders.

Mit der Dunkelheit kommt meine Wut. Wo bleibt Johannes? Das Essen ist mittlerweile ungenießbar und den alkoholfreien Wein, der ohnehin nicht schmeckt, kann er, wenn er kommt, alleine trinken. Ich versuche, zu lesen.

Irgendwann beginne ich, auf die vorbeifahrenden Autos zu hören in der Hoffnung, eines davon möge sein Tempo verlangsamen und auf den Parkplatz einbiegen.

Langsam wird es mir unheimlich hier auf dem Parkplatz. Einer der Gründe, aus denen ich mich auch nachts mit dem Wohnwagen lieber in belebteren Gegenden aufhalte und dafür sogar Lärm in Kauf nehme, ist, ich fürchte mich im Dunkeln. Wenn ich zu mir selbst ehrlich bin, muss ich mir eingestehen, wenn es dunkel ist, quälen mich diffuse Ängste. Es ist nichts Konkretes, ich denke nicht daran, dass mir Menschen etwas tun. Wenn ich alleine bin, dann kann ich nicht umhin, mich an beängstigende Filme zu erinnern, die ich irgendwann einmal gesehen habe. Ich schlafe schlecht und wache in der Nacht von schlimmen Träumen auf. Deshalb campe ich nie an einsamen Orten, egal, wie idyllisch der Ort auch sein mag, sondern bleibe unter Menschen. Ich bin wütend auf mich selbst, weil ich, nur um Johannes nicht zu verärgern, auf seinen Vorschlag, den betriebsamen Rastplatz zu verlassen, eingegangen bin.

Draußen ist es jetzt finster. Ich schließe die blickdichten Jalousien, versuche, mich mit einem blöden Liebesroman abzulenken. Zu dumm, dass ich nicht einmal die Handynummer von Johannes habe. Wir hatten ja vor, noch eine Weile zusammenzubleiben, und hätten sie dann später ausgetauscht.

Mehrmals bin ich sicher zu hören, wie ein herannahendes Auto das Tempo verringert und ich warte darauf, die Scheinwerfer bei der Einfahrt in den Parkplatz zu sehen. Jedes Mal stellt sich heraus, ich habe mich getäuscht.

Ich beschließe die Jalousien wieder hochzumachen. So kann ich wenigstens nichts verpassen, was sich in direkter Umgebung abspielt. Wenn ich alle Lichter im Wohnwagen auslasse, kann mich von draußen niemand sehen.

Meine Wut auf Johannes und vor allem auf mich selbst steigert sich. Warum habe ich mich auf dieses verrückte Rendezvous eingelassen? Es ist alles so gelaufen, wie Johannes es wollte. Auf meine Wünsche, z. B. nicht an einem verlassenen Ort zu übernachten, nicht darauf zu warten, dass er wegen einer dämlichen Flasche Wein noch mal wegfährt, ist er gar nicht eingegangen. Und ich habe das alles geschehen lassen!

Aus genau diesem Grund, dass ich mich nicht mehr herumschubsen lasse, sondern mich darauf konzentriere, endlich einmal „mein Ding" durchzuziehen, lebe ich doch seit Monaten nun in diesem Wohnwagen und ziehe rastlos von Ort zu Ort!

Ich höre ganz deutlich ein Geräusch auf dem Dach. Als machte sich jemand an der Luke zu schaffen. Das ist natürlich Unsinn. Die Zweige des Baumes, unter dem der Wagen geparkt ist, streichen im Wind, der mittlerweile aufgekommen ist, über das Dach. Dennoch kontrolliere ich alle Fenster, ob sie verschlossen sind.

Ich werde Luise anrufen. Sie wird es nicht glauben, dass ich heute den Tag mit ihrem Verflossenen verbracht habe und nun hier im Dunkeln sitze und auf ihn warte.

So ein Mist! Gerade, als ich sie an der Strippe hatte, streikte das Telefon. „Stell dir vor, heute traf ich Johannes und wir haben den Tag miteinander verbracht", konnte ich noch sagen. Luise erwiderte eine Weile gar nichts, dann rief sie etwas, was ich nicht verstand. Zum Nachfragen kam ich nicht mehr. Es ist unvorstellbar, mitten auf einer Autobahn in Deutschland geht auf einmal der Handyempfang weg.

Ich könnte ins Auto, vielleicht funktioniert das Telefon mit dem Ladekabel dort. Aber jetzt raus ins Dunkle, dazu habe ich wirklich keine Lust.

***

Lediglich im Lokalteil der Zeitung war es am nächsten Tag der große Aufmacher. Die anderen Blätter brachten es als kleine Randnotiz:

Gestern wurde auf einem Rastplatz auf der A ..., Nähe Ausfahrt 13, eine Frau in ihrem Wohnwagen überfallen und brutal misshandelt. Es gab keine Einbruchsspuren am Wohnwagen. Es ist davon auszugehen, dass die Frau dem Täter selbst die Tür aufmachte. Ein Tagebuch wurde im Wohnwagen gefunden, von dessen Inhalt sich die Polizei Informationen zur Aufklärung des Verbrechens verspricht. Das Opfer liegt im Koma und ist einstweilen nicht vernehmungsfähig.

Der Ritter ist müde

Der Ritter ist müde, er will seine Ruh.
Er will nicht mehr kämpfen, und ich schau ihm zu.

Er liegt da und schlummert, so ganz ohne Kraft
kann er nicht mehr aufstehn , ist es nun geschafft?

Gibt es nun Frieden? Was geschieht mit dem Mut?
Verwandelt der Morgen ihn wieder in Blut?

Wirst du die Kraft nutzen zu weiterem Streit?
Bist du am Ende versöhnungsbereit?

Aus Wut Energie, wenn dies dir gelingt,
erfreut uns dann beide, was die Zukunft bringt.

Herr Kloppediklopp

für Mikhael

Er war schön, er war bunt und er war laut. Herr Kloppediklopp war sich seiner Wirkung auf die Umwelt bewusst. Stolz darauf, das Lieblingsspielzeug seines Besitzers zu sein, der von den anderen Menschen stets als „dieses süßeste aller niedlichen Babys" bezeichnet wurde, ertrug Herr Kloppediklopp auch die harten Seiten seines Schicksals stoisch.

Ein geistig unflexibler, großer Mensch, der zu Besuch gekommen war, wunderte sich. „Ein Esel in Regenbogenfarben – na, ich weiß nicht!" Zum Glück sprang seine Ehefrau verteidigend ein: „Er hat aber doch so ein niedliches Gesicht und schön kuschelig ist er außerdem!" Für Herrn Kloppediklopp zählte nur das Urteil seines Eigentümers, auch wenn dies nonverbal und lediglich in glücklichen Glückslauten ausgedrückt wurde. Wenn auf seiner weichen Oberfläche herumgekaut wurde, bis das bunte Fell so nass war, dass es die Farben änderte, freute sich Kloppediklopp, weil er Trost spenden konnte. Wenn der an Kopf und Rumpf befestigte Griff, ein mit bunten Perlen gefüllter Plastikring, kleinen Zähnchen zum Durchbruch verhalf, fühlte sich Herr Kloppediklopp selbst wie ein Held. Am meisten aber liebte er es, wenn seine an dünnen Wollfäden baumelnden Hufe zur Geltung kamen. Alle vier waren zwar von gleicher Größe, klangen aber unterschiedlich, wenn man sie auf dem Tisch oder einer harten Oberfläche aufstampfte, was vom süßesten aller Babys bereits gut beherrscht wurde. Dann rasselte der rechte Vorderfuß, während es im linken klingelte. Von den Hinterhufen ging ein wunderbares, ohrenbetäubendes Klacken aus. Wenn dem kleinen Baby der Sinn nach leiser Reflektion stand, dann konnte es sich in dem Spiegel betrachten, der in eine der Eselsohlen eingelassen war.

Verständlicherweise provozierte diese Pracht und Vielfalt, die Kloppediklopp anzubieten hatte, nicht nur Begeisterung, vor allem nicht bei den Erwachsenen. Andere, von ihrem Besitzer weniger begehrte Spielzeuggenossen, ließen ihn zuweilen ihre Eifersucht spüren. Solange Herr Kloppediklopp innerhalb der Familie seine unangefochtene Stellung behaupten und sicher sein konnte immer mit von der Partie zu sein, wohin die Reise auch ging, kam er mit all diesen Unbilden gut zurecht.

Es war ein Wintertag. Der Wind blies hart und kalt, als sie das Haus verließen. Herr Kloppediklopp fühlte sich, trotz des Wetters, warm und sicher. Mit einer blauen Kordel am Maxicosy fest angebunden, konnte er nicht auf die Straße fallen. Sein Besitzer hielt ihn fest umklammert im warmen, mit Fell gefütterten Schlafsack, wo die Kälte ihm nichts anhaben konnte, auch wenn er von den vielen Liebkosungen, die er an diesem Morgen bereits erhalten hatte, vor Nässe triefte.

Herr Kloppediklopp hatte ein feines Gespür für Menschenstimmungen entwickelt, weil diese unter Umständen für das Schicksal eines Spielzeugs äußerst wichtig sein können. Heute waren alle fröhlich, auch wenn es im Auto ein wenig eng war. Im Wagen fuhren außer den üblichen Familienmitgliedern, also die Eltern vorne und auf dem Rücksitz Baby sowie der andere, ältere Sohn, der sich erschreckend respektlos gegenüber den Besitztümern seines jüngeren Bruders zeigte, zusätzlich noch Onkel Markus. Den lebhaften Gesprächen entnahm Herr Kloppediklopp, dass man auf dem Weg zu einer Weihnachtsfeier war. Etwas Genaues konnte er sich nicht darunter vorstellen, denn in seinem kurzen Babyrasselleben hatte Herr Kloppediklopp noch kein Weihnachtsfest erlebt. „Da werden wir alle endlich mal wieder beisammen sein" freute sich Onkel Markus. „Die Helga habe ich z. B. schon eine Ewigkeit nicht mehr gesehen." Mit dieser Tante Helga sollte Herr Kloppediklopp an jenem Abend noch eine nähere Bekanntschaft machen.

Das Beisammensein verlief so, wie es Herr Kloppediklopp

bereits anlässlich anderer Familienfeiern kannte. Sein Besitzer war der Mittelpunkt jeder Unterhaltung und, auch wenn von den Umsitzenden und Umstehenden nur selten beachtet, sonnte sich Herr Kloppediklop in diesem Glanz, zu dem er seiner Meinung nach auch einen Teil beitrug. „Seht doch mal, wie feste der Kleine die Rassel schon packen kann" und „du guck mal, am Fuß von dem Ding ist ja ein Spiegel – und der Kleine guckt schon ganz interessiert da rein, und das in dem Alter!", wunderte sich eben jene Tante Helga, um dann fortzufahren: „Das Teil ist aber witzig, das soll wohl einen Esel darstellen, wo habt ihr den denn her?" Auf diesen letzten Kommentar hätte Herr Kloppediklopp verzichten können. Zu allem Überfluss fühlte er nun, wie er von Babyhänden, die ihn bis jetzt gehalten hatten, losgelassen wurde. Er schlug unsanft auf dem Boden auf. Mit einem übertriebenen „Huch" hatte Tante Helga noch versucht, den Fall aufzuhalten, es jedoch nicht geschafft. Stattdessen bekam sie beim Bücken Übergewicht, versuchte, sich an der Tischdekoration festzuhalten, stieß einen spitzen Schrei aus, weil die Tannennadeln piekten und schmiss im Verlauf dieses hektischen Durcheinanders ihr Glühweinglas um, dessen Inhalt sich größtenteils über Herrn Kloppediklopp ergoss.

    Klebrig und gedemütigt lag er am Boden, wo ihn eine ganze Weile niemand bemerkte. Um Tante Helga entspann sich ein Riesentrara, es waren zwei Mann und viele gute Worte nötig, bevor sie wieder auf ihren Füßen stand.

    Erst als eine junge energische Dame „worauf bin ich den jetzt getreten?" rief und Herrn Kloppediklopp vom Boden aufhob, wurde diesem wieder Beachtung zuteil. „Igitt, riech mal, der ist ja ganz nass und stinkt nach Glühwein – so kannst du das dem Baby nicht geben" musste sich Herr Kloppediklopp anhören. Bevor er sich versah, wurde er auf ein Fenstersims verbannt. Da lag er nun zwischen einem dicken Schokoladennikolaus und einem Keramikengel, mit denen kein gescheites Gespräch in Gang zu bringen war und hoffte inständig, später nicht vergessen zu werden.

Für ein Spielzeug ist es ein schlimmes Schicksal, wenn es unbeachtet und ungeliebt herumliegen muss. So erging es an jenem Abend, der doch so vielversprechend angefangen hatte, auch Herrn Kloppediklopp. Sein regenbogenfarbiges Fell war verklebt, auf dem sonst glasklaren Ring mit den bunten Perlen gab es hässliche rote Flecken. Zu allem Überfluss schien sein Besitzer von dieser Tragödie völlig unberührt. Er hatte seine Aufmerksamkeit in Windeseile der Tischdekoration mit ihren glänzenden Kerzen zugewandt.

Herr Kloppediklopp wurde zusehends betrübter. Während der folgenden Stunden musste er mehrere beleidigende Äußerungen ertragen, die ihn überdies im höchsten Grade ängstigten. „Ih! Die Rassel ist ja eklig, was machst du denn jetzt damit?" „Die", erwiderte Babys Mama kaltschnäuzig, „stecke ich einfach in die Waschmaschine." Dieses Wort „Waschmaschine" beunruhigte Herrn Kloppediklopp. Er hatte nicht die geringste Ahnung, was ihm da bevorstand. Dass es etwas Gefährliches war, entnahm er Fragen wie „Geht das denn? Hält er das denn aus?" Mamas Reaktion rief bei ihm blankes Entsetzen hervor: „Wir probieren es halt, dann sehen wir ja, ob er es überlebt."

Die Feier neigte sich dem Ende zu. Herr Kloppediklopp war in einem fürchterlichen Zustand. Seine seelische Verfassung glich mittlerweile seiner äußeren, ramponierten Erscheinung. Im Innersten zerrissen hoffte ein Teil von ihm darauf, dass man ihn auf der Fensterbank liegenlassen würde, wo er ein zwar verstoßenes und einsames, dafür aber sicheres Leben führen könnte.

Man verabschiedete sich bereits lautstark und langatmig. Im Zimmer wurden die Lichter ausgeschaltet. Herr Kloppediklopp hatte große Angst und war sehr traurig, wenn er an seine düstere Zukunft dachte. Deshalb spürte er mit Erleichterung, wie Mama ihn im Vorbeigehen ergriff und mit einem nochmaligen Hinweis auf dieses Waschmachinending in ihre dunkle Tasche steckte.

Mr. Kloppediklopp ist bunt.
Alle vier Füße sind rund.
Es klappert, wenn er geht
und klingelt, wenn er steht,
und doch ist er völlig gesund.

Kawufta oder der Dackel und die Eselin

„Wir haben ausgemacht, Geschenke gibt es nur noch zu Weihnachten, Geburtstag und besonderen Anlässen", sagte Papa. „Was also suchen wir hier in der Spielzeugabteilung eines Souvenirladens? Gell Strolchi, hier ist's zu voll."

Der braune Kurzhaardackel blickte sein Herrchen verständig an und zog an der Leine Richtung Ausgang.

„Es ist eine Ausnahme. Wir sind im Urlaub. Es ist unser letzter Tag. Außerdem regnet es", entgegnete Mama. „Ist ja gut, Strolchi, Platz."

Der Dackel beschloss, aufs Wort zu gehorchen.

„Der Abend ist noch lang. Da kann der kleine Felix-Schatz ruhig was Neues zum Spielen haben."

Der kleine Felix-Schatz verstand mit seinen beinahe zwei Jahren bereits erstaunlich viel von dem, was die Erwachsenen sagten. Er setzte sich im Kinderwagen auf und griff zielsicher nach einer Eselsfigur.

„Gefällt der dir?", fragte Mama und wandte sich an ihren Mann: „Komm, so eine Figur kann er haben."

„Dann lass uns wenigstens etwas Vernünftiges holen und nicht so ein blödes Plastikdings."

Felix protestierte mit lautem Krähen und zeigte auf das Regal mit den vielen Kunststofftieren. Mit einer großen Kraftanstrengung reckte sich der Kleine, obwohl er im Wagen angeschnallt war, soweit in die Höhe, dass er das Eselchen zu fassen kriegte.

„In den Plastikfiguren sind Weichmacher, die sind für Kinder gefährlich."

Papa nahm seinem Sohn die Figur aus der Hand und stellte sie zurück aufs Regal.

Das Geschrei des Kleinkindes erregte die Aufmerksamkeit der übrigen Kunden sowie zweier Verkäuferinnen.

„Das ist doch von einer guten Marke, für Kinder völlig unschädlich!" Mama nahm den Esel wieder aus dem Regal und hielt ihn ihrem Mann hin. „Guck mal, der wär' doch nett für unser Baby."

„Baba", sagte der Kleine und fing an zu heulen.

Während die Diskussion noch eine Weile hin und her ging, bahnte sich, von den Beteiligten unbemerkt, eine andere Tragödie an: Gegenstände können durchaus eine Seele haben. Wenn eine Sache durch ihre Umwelt vielen starken Gefühlen ausgesetzt ist, kann sie diese unter Umständen so tief in sich aufnehmen, dass sie das ihr Widerfahrene an die Umgebung zurückgibt. Dabei kann es sich um gute oder schlechte Gefühle handeln, die den Charakter der Dinge entsprechend prägen. Es gibt auf der Welt ganz liebreizende Gegenstände wie z. B. die kleine Spielzeugeselin, die inmitten anderer Spielzeugtiere ihr Dasein in einem Souvenirgeschäft führte und auf einen Käufer warten musste. Sie hatte große Sorgen. Neben ihr im Regal stand ihr Eseljunges. Das Schlimme war, das Kleine war mit einem eigenen Preisschild ausgezeichnet.

Tagein tagaus beschäftigte die Eselin eine einzige Frage: „Wie kann ich es einrichten, dass ich mit meinem Baby zusammen verkauft werde?" Bei jedem Kunden, der sich für sie oder das kleine Eselchen interessierte, wurde sie panisch. Nahm jemand ihr Kleines gar in die Hand, packte sie schiere Verzweiflung. Sie verbrachte ihre Tage damit, den Ladenschluss herbeizusehen. Dann waren ihr und ihrem Baby einige Stunden sicheren Beisammenseins vergönnt.

„Versuch' dich hinter den anderen Figuren zu verstecken, wenn ein Mensch auf das Regal zugeht", belehrte sie das Kleine. „Sollte es tatsächlich geschehen, dass ich es bin, die gekauft werden soll, dann nimm all deine Kraft zusammen und mach einen Schritt nach vorne, damit die Menschen dich besser sehen und ebenfalls haben wollen. Sei vorsichtig bei ganz kleinen Menschen und bei Hunden, die merken manchmal, dass wir uns, wenn es unbedingt sein muss, bewegen können."

Nun schien der gefürchtete Tag gekommen. Zwischen Hoffen und Bangen, während sie sich vom Regalbrett weggehoben und wieder hingestellt sah, um dann gleich doch wieder von dem kleinen Eselchen getrennt zu werden, war die Eselin einer Ohnmacht nahe. Als ihr klar wurde, dass sie das Geschäft verlassen würde, rief sie mit letzter Kraft ihrem Jungen zu: „Spring!" Tatsächlich fiel das Eselsbaby, als der Junge im Kinderwagen nach der Eselin griff, mit vom Regalbrett.

„Guck mal, der ist doch auch süß!" Mama war ganz hingerissen. „Den kaufen wir auch, das Eselchen braucht seine Mama."

„Mama", sagte der Kleine im Kinderwagen.

„Von wegen, süß, die Ohren sind so spitz, da kann Felix sich wehtun." Aber selbst Papa war erleichtert, als im Kinderwagen endlich Ruhe einkehrte und Felix, mit jeder Hand einen Esel umklammernd, friedlich vor sich hin brabbelte.

Strolchi trabte zufrieden neben dem Wagen her. Er blinzelte der Eselin und ihrem Jungen freundlich zu, nicht wissend, welche Gefahren auf sie warteten. Sehr bald schon würde seine Spürnase von immenser Wichtigkeit werden.

„Und wo ist jetzt sein Polizeiauto?"

„Im Laden hatte er es noch in der Hand." Papa wusste, wenn Felix sein Lieblingsgefährt nicht mehr aufziehen und durch die Wohnung sausen lassen könnte, gäbe es großes Geschrei.

„Hat er das aus dem Wagen geschmissen?" Sie drehten samt Kinderwagen und Dackel um und gingen den Weg zurück zum Souvenirladen. Das Auto lag vor der Tür auf dem Dach. Der kleine Polizist, der immer drinsaß, schaute grimmig. Mama steckte das Auto in ihre Tasche und sie machten sich auf den Heimweg.

Strolchi genoss die fremden Gerüche. Er schnüffelte und wedelte die ganze Zeit mit dem Schwanz. Plötzlich bellte er und zog ganz fest an der Leine. Sie waren vor dem Haus, in dem die Ferienwohnung lag, angekommen. Ein paar Meter vor ihnen kauerte eine Katze hinter einer Mülltonne. Sie fauchte und peitschte mit ihrem Schwanz. Dann verschwand sie um die Ecke.

***

„Nein Felix, nicht den T-Rex mit Hundefutter füttern!"
„Ham-ham", widersprach der Kleine. Kopfschüttelnd zog Papa seinen Sohn vom Hundenapf. Felix protestierte lautstark und warf seinen mit Hundefutter verschmierten Plüsch T-Rex aufs Sofa.
„Kawufta!"
Er freute sich, weil Mama und Papa lachten, und sagte noch mal: „Kawufta."
Strolchi war erleichtert, wieder Zugang zu seinem Futternapf zu haben. Er vertilgte hastig sein Abendessen, legte sich unter den Sofatisch und beobachtete das Treiben um ihn herum.
Wenn ein neues Spielzeug Einzug in ein Kinderzimmer hält, bringt das immer Unruhe mit sich. Die „Neuen" werden argwöhnisch begutachtet und alteingesessene Figuren, Puppen und Teddys fürchten um ihre Vormachtstellung. Die Eselin und ihr Junges traf es besonders hart. Sie fanden in der Ferienwohnung eine Situation vor, in der all die anderen anwesenden Spielsachen sich ebenfalls in einer ungewohnten Umgebung befanden, nicht wissend, wie sich ihr weiteres Schicksal gestalten würde und ob sie ihre Heimat im Spielzimmer des kleinen Felix je wiedersehen würden. Das verursachte eine allgemeine starke Nervosität, die bei einigen nicht gerade die besten Eigenschaften hervortreten ließ. T-Rex war wütend, als er sich so plötzlich durch die Luft aufs Sofa katapultiert sah. Aus lauter Zorn warf er alle auf dem Sitz aufgereihten Autos und Figuren durcheinander und auf den Boden. Das Polizeiauto landete auf allen vier Rädern und fuhr einfach weiter. Es kam gefährlich nahe an Strolchis Nase. Der bellte und gab dem Wagen samt Blaulicht und Insassen einen Schubs mit der Schnauze, dass er über den Teppich Richtung Schränk-

chen rollte. Felix war begeistert. „Brumbrum", meinte er, tippelte energisch zum Dackel und packte ihn an der Nase. Der wusste sich nicht anders zu helfen als sich nun lautstark an Herrchen und Frauchen um Hilfe zu wenden.

„Ich dreh' hier noch durch, ich brauch' frische Luft", Mama öffnete die Balkontür und wandte sich zu Papa „Kommst du mit?"

„Gute Idee", lachte der und trat auf etwas Spitzkantiges. Das tat sehr weh.

„Verdammter Legostein", schimpfte Papa und kickte den Übeltäter mit schmerzverzerrtem Gesicht weit von sich.

Solch ein Ausbruch war untypisch für Papa, Felix fing an zu weinen. Er lief auf den Balkon zu seiner Mutter, die ihn tröstend in den Arm nahm. Papa gesellte sich zu den beiden, strich dem Kleinen über die Haare, machte lustige Gesichter und zeigte auf den Mond, der, obwohl es noch nicht richtig dunkel war, bereits am Himmel schien. Felix beruhigte sich schnell, interessierte sich indes nicht so sehr für Himmelskörper, sondern vielmehr für die Katze, die, aus dem Nirgendwo gekommen, mit einem Satz über das Geländer durch die offene Tür ins Zimmer sprang.

Bevor Papa oder Mama reagieren konnten, war Felix hinterhergerannt. „Ei", freute er sich, ging in die Hocke, klatschte in die Händchen, knallte mit einem Wums die Balkontür zu, sodass der Hebel nach oben sauste.

Der Zustand der Ferienwohnung war unbeschreiblich, als Papa und Mama schließlich wieder Zutritt bekamen. Ohne Handy dauerte es eine Weile, bis sie Spaziergänger auf sich aufmerksam machen und einen Schlüsseldienst anrufen konnten. Diese Zeit reichte Felix, Strolchi und der Katze völlig aus, um die Wohnung in ihre Teile zu zerlegen.

***

Die Eselin hatte bei ihrer Ankunft alle Fragen der sie umstehenden Spielsachen so freundlich und bescheiden sie vermochte, beantwortet. Obwohl sie gerade erst „von draußen" gekommen war, wusste sie nichts über den zukünftigen Aufenthaltsort der Spielzeuggemeinschaft. Deren Unmutsäußerungen ertrug sie stoisch und sie versuchte, wenigstens ein wenig näher an ihr Junges zu rücken, das neben ihr auf dem Sofa stand. Als der große T-Rex, der sich den Neuen gegenüber schon zuvor sehr unfreundlich und einschüchternd verhalten hatte, durch die Luft geradewegs auf sie zuflog, geschah der Aufprall mit einer solchen Wucht, dass einige der metallenen Modellautos und vor allem das kleine Eselchen vom Sofa auf die Erde geschleudert wurden, von wo sie in alle Richtungen davonstoben. Als dann noch der Polizist mit seinem Wagen durch die Menge gefahren kam, verlor die Eselin endgültig den Überblick. Sie konnte ihr Kleines nicht mehr sehen. Sie rief vergebens. Sie fragte jeden und beschwor alle, ihr bei der Suche behilflich zu sein.

Das Leid der Eselin rührte Strolchi, der die Sprache der Spielsachen verstand, und er beschloss, mit seinen detektivischen Fähigkeiten zu helfen. Der Dackel war schlau und trug seinen Ruf, verlorene Dinge aufzuspüren, nicht umsonst. Die Katze hatte sich unter den Schrank verkrochen, funkelte die Welt böse an und rührte sich nicht. Strolchi wertete dies als einen Waffenstillstand, bezog vor dem Schrank Posten um sicherzustellen, dass die Katze nicht entkommen konnte und begann mit seinen Befragungen. Keiner wusste etwas, keiner hatte etwas gesehen. Die Metallautos konnten sich daran erinnern, dass der kleine Esel mit ihnen über die Sofaklippe geflogen war, danach waren sie aber jeder mit sich selbst beschäftigt gewesen. Der T-Rex war zwar dafür bekannt, Neuhinzugekommene zu mobben und dabei eine beängstigende Grausamkeit an den Tag zu legen, aber, er hatte ein Alibi. Von Felix mit aller Kraft durch die Luft geschleudert, hatte er, trotz seiner Stärke, eine ganze Weile benommen auf dem Sofa gelegen und war erst zu sich gekommen, als die anderen längst auf der Erde angekommen waren. Das wurde von vielen bezeugt. Der Polizist im Auto war ganz offensichtlich sehr eifersüchtig auf die Eselin und ihr Junges gewesen und konnte das selbst im Interview mit Strolchi nicht verbergen. Jedoch, trotz Motiv und Gelegenheit, war ihm nichts nachzuweisen. Strolchi befand sich in einer Sackgasse. Er schnüffelte noch einmal gründlich in der Luft herum und bezog wieder Stellung gegenüber der Katze. Ihr war nicht zu trauen, aber im Augenblick kam er nicht an sie ran. Er schaute herüber zur Eselsmama. Ihre Plastikaugen waren trüb geworden, die Farbe ihres Fells schien verblasst.

„Und wenn es die ganze Nacht dauert, ich werde wach bleiben, aufmerksam alles beobachten, was vor sich geht und den Kleinen finden", versprach er. Doch die Eselin blieb untröstlich. Sie weinte so laut, dass Strolchi sicher war, die Menschen könnten es hören, wenn sie endlich wieder im Zimmer wären. Einstweilen alberten sie draußen auf dem Balkon herum statt ihm zu helfen der Katze zu zeigen, wo es lang ging.

Ein fremder Mann kam vorne durch die Tür und ließ Papa und Mama wieder in die Wohnung. Als er weg war, rief Mama: „Die Katze muss noch hier sein!" Auch Papa war außer sich. „Das Mistvieh hat irgendwohin gepinkelt!" Er schnüffelte in die Luft wie es sonst nur Strolchi tat. Schließlich fand er, mit Strolchis Hilfe, die Katze unter der Kommode.

„Schatz, holst du mir mal den Besen? Und mach' bitte noch mal die Balkontür auf, damit sie raus kann."

Felix wollte gerne helfen. Weil Mama ihn so fest an der Hand hielt, dass er sich nicht losreißen konnte, fing er wieder an zu schreien. Papa lag mit dem Besenstil unter der Kommode auf dem Bauch. „Bäh, da wimmelt es von Wollmäusen. Der Putzdienst hier lässt zu wünschen übrig. Uh, was ist denn das?" Er hatte mit der Hand in ein besonders großes, eklig aussehendes Staubknäuel gefasst, betrachtete es angewidert und warf es schnell in den Mülleimer.

Irgendwann gab die Katze auf. So schnell wie sie über den Balkon in die Wohnung gekommen war, war sie auch wieder draußen.

„Und morgen müssen wir das alles noch aufräumen, bevor wir wieder nach Hause fahren!" Mama sah genauso müde aus wie Papa.

***

Es ist oft so, dass, was am Abend wie ein ganzer Berg voll Arbeit zu sein scheint, am nächsten Morgen in erstaunlich schneller Zeit erledigt werden kann. Herrchen und Frauchen waren fast fertig. Die Wohnung aufgeräumt, das Gepäck im Flur, einiges davon bereits im Kofferraum. Ich lief immer zwischen Wohnungstür und Auto hin und her, um sicherzustellen, dass sie auch nichts vergaßen. Vor allem hatte ich ja noch eine Aufgabe zu erfüllen. Den kleinen Esel, den hatten sie noch nicht eingepackt. Vom Zustand seiner Mutter will ich gar nicht berichten. Auch der kleine Felix vermisste sein neues Spielzeug. Mit dem größeren Esel in der Hand, lief er aufgeregt zu seinen Eltern.

„Ich weiß nicht, wo dein kleines Eselchen ist, es muss hier irgendwo liegen." Mama schaute unter dem Sofa und hinter den Kissen nach. „Schatz, weißt du, wo der Esel ist?" Papa war im Begriff den letzten Koffer rauszutragen. „Er hat ihn doch da in seiner Hand."

„Aber Schatz, das ist doch der große, der kleine fehlt!" Papa betrachtete sich den Esel, den Felix ihm bereitwillig überließ. „Der sieht ja komisch aus, guck mal, da geht ja jetzt schon die Farbe ab.

Lass' uns fahren, sonst kommen wir in den Berufsverkehr."
Sie waren tatsächlich drauf und dran die Wohnung zu verlassen.
„Strolchi, hör auf zu bellen, was ist denn los mit dir?"
Ich sprang an Herrchens Bein hoch soweit ich konnte, versuchte, die Hand von Frauchen ins Maul zu nehmen, damit sie umkehren sollte.

„Was ist denn mit dem Hund los?"
Wenigstens hatte ich jetzt die volle Aufmerksamkeit aller, so-

gar Felix schaute vom Arm seiner Mutter interessiert auf mich herunter. Sie verstanden immer noch nicht. Da wandte ich das letzte und äußerste Mittel an, zu dem ein wohlerzogener Hund fähig ist: Ich lief zurück in die Küche, hob mein Bein und pinkelte gegen den Mülleimer.

Das Donnerwetter nahm ich gerne in Kauf. „Jetzt müssen wir den Eimer noch sauber machen – und zu leeren haben wir ihn auch vergessen." Das ärgerliche Gesicht meines Frauchens verwandelte sich in Erstaunen, als sie die Tüte aus dem Eimer nahm und den kleinen Esel durch einen dicken Staubknäul schimmern sah.

Sie starrte Herrchen an. „Ach Schatz", meinte der. „Du weißt doch, die Weichmacher, da habe ich immer Angst." Dann gab er auf und drückte seinem Sohn einen dicken Kuss aufs Haar. „Meinetwegen, aber wasch das Ding wenigstens vorher gut ab." Herrchen und ich sahen uns lange in die Augen. Danach wurde er Vorfall nie wieder erwähnt. Wir verließen geschlossen die Wohnung. Felix hatte wieder sein Polizeiauto in der Hand. Draußen warf er es auf den Bürgersteig und sagte: „Kawufta."

Ach wie schön

Ach wie schön, ei wie fein,
so tanzen wir den Ringelrein.
Ihr seid so süß, ihr seid so klein,
's fehlt euch an nichts, ihr Kinderlein.

So denken halt die großen Leut,
als wüssten sie, was uns erfreut.
Was für uns zählt, das ist das „Heut"
Geduld und Lieb' hat nie gereut.

Kindheit

Er hat gesprochen, er hat wahrhaftig gesprochen! Die Entrümpelungsaktion war ein voller Erfolg gewesen. Das Kellerregal, das letzte Erinnerungen an die Kindheit beherbergte, war so gut wie leer. Unvollständige Spielsammlungen, Teddys ohne Arme, Puppen, deren Schlafaugen eingefallen waren und an den Rändern ein wenig Schimmel angesetzt hatten, sogar das kaputte Schaukelpferd, obwohl von Opa selbst geschreinert, alle lagen sie aufgereiht vor dem Gartenzaun und erwarteten in einer traurigen Prozession den Sperrmüll.

Ich hatte die Hände voll gehabt und musste deshalb einen Extragang vom Keller zum Gartenzaun machen, um die kleine rote Plastikfigur zu entsorgen. Sie stellte einen Jungen dar, seine Kleidung war dem Stil nachempfunden, den wir damals aus den Western Filmen bei den amerikanischen Ureinwohnern kannten. Der Kopf samt Federschmuck ließ sich abschrauben. So konnte ich seinerzeit an sein Innerstes herankommen. Die Plastikfigur war bis oben hin mit Liebesperlen gefüllt gewesen und hatte an meinem siebten Geburtstag zuoberst in dem Päckchen gelegen, das meine Patentante mir geschickt hatte.

„Willst du mich wirklich wegschmeißen?"

Ich rede nicht mit Spielsachen und wenn sie mich von sich aus ansprechen, reagiere ich erst recht nicht. Aber der Plastikjunge blieb hartnäckig.

„Du hast mich damals als Puppe benutzt, und damit gehörte ich zu deinen wichtigsten Spielzeugen, obwohl ich doch eher ein Behälter für Süßigkeiten war."

Es stimmte. Puppen hatten eine Persönlichkeit, sie waren lebendig und deshalb keine Sachen. Männliche Puppen gab es so gut wie gar nicht, da war mir diese zugegebenermaßen sehr stereotype Figur eines jungen amerikanischen Indigenen gerade recht gekommen.

„Ich kann mich gut daran erinnern, wie glücklich du ausgesehen hast, als du mich in deinem Geburtstagspäckchen erspäht hast."

„Genauso froh war ich über die bunt karierte Bluse, in die du eingewickelt warst", entgegnete ich. Es war ein wunderschönes Kleidungsstück gewesen, eines, das „mitwuchs", wie meine Mutter zu sagen pflegte. Die Bluse trug ich viele Jahre. Neu gekaufte Kleider waren etwas sehr Seltenes, meine Mutter nähte unsere Anziehsachen aus abgetragenen Kleidern der Erwachsenen. Dazu wurden die Stoffe links gedreht. Ihre tristen, grauen Farben änderte das jedoch nicht. Mit selbst genähten Stoffhosen wurde man gehänselt, es war bereits die Zeit der Skihosen mit Steg. Mit den Eltern deshalb zu reden, machte keinen Sinn.

„Die anderen Kinder sind nur neidisch auf deine schönen Sachen, die sind einzigartig und nicht nullachtfünfzehn", meinte Mama. Ich sehnte mich nach nullachtfünfzehn.

„Die Dame, die mich seinerzeit für dich kaufte, war nett", sagte die Plastikpuppe. „Guck einmal da, der ist doch schön für die Elisabeth', meinte sie und dann legte sie noch etwas für deine kleine Schwester ins Paket, obwohl die doch gar keinen Geburtstag hatte."

„Stimmt, in dem Punkt konnte ich mich glücklich schätzen. Während Ulrikes Taufpatin nie an ihr Patenkind dachte, weder zum Geburtstag und noch zu Weihnachten, bekam ich schöne Geschenke von meiner Tante Irene. Und für meine kleine Schwester lag immer ein Trostpreis dabei."

„Ich war aber kein Trostpreis, sondern ein Hauptgewinn. Du nanntest mich Tim, weil das einer deiner Helden war?"

An die Gartenmauer gelehnt, erholte ich mich von den Anstrengungen der Entrümpelung. Also gut, warum nicht ein wenig mit einer Plastikfigur plaudern: „Tatsächlich kann ich mich nicht mehr an deinen Namen erinnern. Du wirst entweder so geheißen haben wie einer der Figuren aus den Kinderbüchern, oder ich habe dich nach einem der Klassenkameraden aus der Schule benannt, die ich besuchte, bevor wir hierher zogen."

„Du hast vorher woanders gewohnt?" Meine Lebensgeschichte vor dem siebten Geburtstag kannte die Puppe, nennen wir sie von nun an Tim, nicht.

„Wir lebten in einem anderen Dorf. Dort hatte ich auch Freunde, ein Zwillingspärchen, die ich jeden Tag selbstständig besuchen durfte. Wir gingen in die erste Klasse."

„Hast du sie nicht arg vermisst, nachdem ihr umgezogen seid?" Das wusste ich tatsächlich nicht mehr. Ich kann mich noch daran erinnern, dass ich mir nach dem Umzug manchmal eingebildet habe, sie irgendwo auf der Straße gesehen zu haben. In der Zeit vor Internet und SMS gab es bei Kinderabschieden dieser Art kein Wiedersehen. An den Schmerz erinnerte ich mich nicht.

Da, wo wir zuerst wohnten, hatte ich Freunde und Freundinnen. Die Zwillinge Andrea und Mathias lebten auf einem Bauernhof. Sie hatten eine um zwei Jahre ältere Schwester, die auch manchmal mit uns spielte. Im Nachbarhaus gab es noch Christel. Sie war ein wenig jünger und hatte eine Schaukel im Garten, der so eingezäunt war, dass er aussah wie ein Käfig. Christel war auch manchmal mit von der Partie. Auf dem Bauernhof genossen wir recht viel Freiheit. Man musste nur immer hören, z. B., wenn es hieß: „Reinkommen!". Sonst gab es auch für Andrea und Mathias Schläge mit dem Kochlöffel.

Einmal war ich bei so einer Bestrafung anwesend. Es war mir, vor allem für Andrea, sehr peinlich. Ihre Mutter sagte, nachdem sie beide Zwillinge verdroschen hatte, „es kriegt sie einer wie der andere." Ich erinnere mich auch noch daran, dass Frau Blankert ein Huhn gerupft und ausgenommen hat. Durch das Küchenfenster schien das Licht und ich wunderte mich darüber, dass es im Huhn ein Ei gab, und zwar ohne Schale.

Papa hat mich manchmal von dort abgeholt, oder mit mir auf dem Bauernhof in der weißen Milchkanne Milch geholt. Die Blankerts hatten einen kleinen Stall. An jenem Abend stand darin ein kleines Kälbchen. Papa ging zu ihm und streichelte es über die Nase, die das Kleine neugierig nach draußen streckte. „Morgen wird es verkauft", sagte Herr Blankert, dessen Gesicht ich nicht mehr vor mir habe. Nachdem ich von Papa erfuhr, was das bedeutete, quälte ich mich noch tagelang mit der Frage, warum Papa ein Kälbchen streichelte, das am nächsten Tag geschlachtet würde.

Ich fand manches Fleisch schwer zu essen, wenn man ihm noch das Tier ansah, z. B., wenn es Adern oder einen Fettrand hatte, oder gar eine Ochsenzunge war. Bald bekam ich heraus, wie man Fleischstücke auch ohne Kauen runterschlucken kann.

Das war aber alles noch in der alten Wohnung. Als wir ins neue Haus zogen, in dem ich dann meinen siebten Geburtstag feierte, sollte alles besser und schöner werden. Meine Eltern hatten viele Opfer für uns gebracht und das Haus eigentlich für uns gebaut und deshalb mussten wir dankbar sein und hören. Mama erzählte mir immer, wie brav und folgsam sie als Kind war und davon, wie viel Kinder, vor allem Mädchen, früher im Haushalt helfen mussten. Das fand sie dann auch für unsere Familie eine gute Idee. Sobald wir im neuen Haus wohnten, musste ich jeden Mittag abtrocknen, später auch spülen, Küche, Essecke und schließlich dann auch das mit dem Bruder gemeinsam bewohnte Zimmer putzen.

Dazu kam einmal im Monat der Spielraum im Keller. Hier standen auch Spielsachen, die es in der alten, engen Wohnung nur zu Weihnachten für ein paar Wochen gegeben hatte und die dann wieder vom Christkind geholt wurden. Bei mir war es das Puppenhaus gewesen, das jedes Jahr an Weihnachten im Weihnachtszimmer stand, in neuem Glanz erstrahlte und mit einigen Neuerungen ausgestattet war. Im Keller verlor das Puppenhaus seine Magie. Ich hatte Angst in dem düsteren Raum und hasste es, dort alleine putzen zu müssen, zum Spielen kam ich auch nur selten dort hinunter.

Der indigene Amerikaner aus Plastik meldete sich wieder. „Wir Puppen lebten auch im Keller, und du nahmst immer nur abwechselnd einige von uns mit hoch auf dein Zimmer. Mich hättest du ruhig öfter auswählen können."

„Ja, ich durfte nur wenige von euch mit nach oben ins Kinderzimmer nehmen. Dabei habe ich versucht, fair zu sein", verteidigte ich mich. „Entschuldige bitte, wenn ich dich damals verletzt habe. Das ist alles so lange her."

„Hast du denn heute keine Fantasiewelten mehr, in die du gehen kannst, wenn es draußen in der Welt nicht schön ist?", wollte Tim wissen.

„Natürlich, ich lese viele Bücher. Es tut mir leid, dir sagen zu müssen, dass du da nicht mehr drin vorkommst."

Ich erzählte oft und gerne Geschichten. Die stimmten nicht immer mit der Realität der Erwachsenen überein. Das gab Ärger. Leider waren der Rohrstock und die Kochlöffel mit in das neue Haus umgezogen. Damit wurden meine Schwester und ich bestraft, wenn wir gar nicht hören wollten. Es sollte alles zu unserem Besten sein, sagte Mama. Die Schläge brachten uns das Parieren nicht bei und Mama weinte deshalb.

Vor Strafen und Schimpfen konnten uns auch unsere lieben Großeltern nicht bewahren. Solange Opa noch lebte und bei uns war – er hat das Haus mehr oder weniger gebaut und schlief, bis es fertig war, jahrelang auf dem Sofa in unserer kleinen Mietwohnung – ist mir, glaube ich, nicht viel passiert. Er war mein Held.

„Eigentlich", sagte ich zu Tim „hätte ich dich nach ihm nennen müssen, dann würdest du jetzt Wilhelm heißen. Mein Opa rauchte gerne Pfeife, aus den Filmen im Fernsehen, die damals meist noch schwarz-weiß waren, lernte ich, dass Pfeiferauchen auch bei deinem Volk eine sehr wichtige Tätigkeit war. Einmal kam Opa abends von der Baustelle nach Hause und war traurig. Ein Junge, der sogar in die gleiche Klasse wie ich ging, obwohl er zwei Jahre älter war, hatte seine Pfeife gestohlen. Opa erzählte. ‚Ich habe ihn gebeten: Komm, gib sie mir wieder, ich bin auch nicht böse, denn eine Pfeife ist etwas sehr Persönliches. Aber der Junge hat nicht zugegeben, dass er sie genommen hat."

„Oi", sagte Tim, „so, wie du mir diese Geschichte erzählst,

kann ich heute noch deinen Schmerz darüber spüren, dass jemand deinem Opa wehgetan hat."

„Opa war der Größte." Wir kauften ihm eine neue Pfeife und dann einen Koffer zu seinem Geburtstag. Mama ließ meine Schwester und mich noch ein Gedicht sagen „Pack' recht oft diesen Koffer ein, und besuche uns am schönen Rhein."

So oft ist das dann aber nicht geschehen. Opa starb, als ich acht Jahre alt war. Übrig blieben die beiden Omas. Die eine Oma, die bei uns wohnte, war großzügiger, die andere zwar ärmer, aber dafür lieber, sagte meine Mama.

Wenn man Angst hat und alleine ist, kann man auch Freunde haben, die es in Wirklichkeit nicht gibt. „An meinem Geburtstag, als du in unser Haus kamst", sagte ich zu Tim, „wusste ich noch nicht, wie schwierig es sein würde, in der neuen Schule Freunde zu finden. Damals begann das neue Schuljahr an Ostern und ich war erst wenige Wochen in der zweiten Klasse."

Zum Glück gab es in dieser Schule, in der ich bis zum Schluss eine Fremde blieb, Edda. Wir blieben unzertrennlich bis zum Abitur. Ihre Eltern waren ebenfalls furchtbar streng. „Kinderwille ist Katzendreck", hieß es bei ihnen zuhause. Edda war ein sehr gehorsames Mädchen und widersetzte sich elterlichen Verboten nicht. Das konnte ich nicht verstehen. Aber mit sieben hatten Revolten keine allzu großen Chancen.

Auch die Welt der Erwachsenen war voller Geschichten. Abends beim Abendessen sprachen sie vom Krieg und wie sehr sie gelitten hatten. Mama war 16 bei Kriegsausbruch und lebte in einer Stadt, die ausgebombt wurde. Papa erzählte manchmal von seiner russischen Gefangenschaft. Auf jeden Fall wusste ich mit sieben, dass Krieg etwas ganz Schlimmes ist. Wenn andere Leute zu Besuch kamen, wurde auch vom Krieg berichtet, aber da gab es auch lustige Anekdoten. Wenn Besuch da war, herrschte immer gute Stimmung, dann war es schön.

Tim seufzte so tief, dass der Riss, der durch das Plastik seiner linken Hüfte ging und der vor mehr als 55 Jahren nur notdürftig zusammengeklebt worden war, wieder aufbrach. Ich nahm ihn und stellte ihn sanft zu den anderen Sachen auf dem Bürgersteig.

Am nächsten Morgen erwachte ich früh, noch bevor der Müllwagen kam. Ich schaute aus dem Fenster, und stellte erleichtert fest, dass in der Nacht die meisten der Sperrmüllsachen einen Abnehmer gefunden hatten. Auch mit Tim, der Plastikpuppe, hatte jemand Erbarmen gehabt.

Gestern

Gestern ist vergangen und doch ist's noch da.
Es kann Menschen verletzen, und das manchmal sehr!
Es kann uns stärken, den Weg weisen sogar.
Wir alle woll'n wissen, wo komme ich her?

Verzeihen, mit Liebe, Verständnis, Humor,
das ist nicht so einfach, Abschied tut auch weh.
Dann trenn dich mit Wehmut, das Heute geht vor!
Dem Schmerz von gestern, dem sage dann „Geh!"

Mit Sprung – im Lehrerzimmer

Wenn es scheint, dass ich ein wenig durcheinander bin, dann bitte ich um Entschuldigung. In der letzten Zeit war alles ein bisschen viel, und manchmal geschehen im Leben Dinge, mit denen man erst einmal fertig werden muss. Aber, nun ist ja alles gut gegangen und ich will der Reihe nach erzählen:

Seit mehreren Jahren friste ich mein Dasein in dieser Institution und aus den wohligen Seufzern, die zu hören sind, wenn Leute mit mir zu tun haben, schließe ich, dass man mich mag und meine Dienste durchaus zu schätzen weiß. Allerdings ist mir auch klar, das, was die Menschen erfreut, sind die inneren Werte, ist also sozusagen meine Füllung. Mein Äußeres ist eher unscheinbar, obwohl auf der Vorderseite die schönen Worte „Morgenstund' hat Gold im Mund" zu lesen stehen. Während einer meiner letzten Runden in der Spülmaschine, als das Getümmel noch dichter und unübersichtlicher als gewöhnlich war, erlitt ich einen kleinen Unfall und seitdem habe ich oben am Rand eine kleine Ecke ab.

Eigentlich habe ich damit gerechnet, mein Leben als Kaffeetasse weiterhin glücklich damit verbringen zu können, zwischen Lehrerzimmer, Sekretariat und Büro der Schulleitung hin- und herzuwandern und ab und an einen Ausflug unter die Dusche zu machen. Langweilig war es nie, es gab überall interessante Gespräche, denen man zuhören konnte – auch wenn es schwierig war, sich auf alles einen rechten Reim zu machen. Besonders auf dem Tisch im Lehrerzimmer hielten sich immer viele Sachen auf, die im Schulgebäude weit herumgekommen waren und allerhand zu erzählen wussten. Da musste eine Kaffeetasse oftmals sehen, wo sie blieb und achtgeben, dass sie nicht unter Bergen von Papier, Zeitungen, Bastelutensilien, Gummibärchen und mit aufregenden Müslivarianten gefüllten Tuppertöpfen begraben oder gar umgestoßen wurde.

Ich bin nicht sehr mutig und mag meine Routine. Für mich war es stets völlig in Ordnung, die Geschehnisse der Welt aus zweiter Hand zu erfahren und mich im Nachhinein zu wundern und manchmal auch zu gruseln, als ich mich eines Tages selbst unversehens inmitten großer Aufregung befand.

Das Ganze war ein überraschender und sehr beängstigender Ausflug. Es geschah in der Pause. Ich war von einem wohligen Getränk erfüllt und freute mich auf den leichten Kitzel, der mich immer dann befällt, wenn sich warme Lippen erwartungsvoll meiner angeknacksten Stelle nähern. Da wurde ich plötzlich hoch emporgehoben. Mit Entsetzen stellte ich fest, dass ich drauf und dran war, schwankend eine Reise in die für Kaffeetassen, Essen und Getränke streng verbotenen Gefilde des Schulgebäudes, dorthin, wo sich die KLASSENRÄUME befinden, anzutreten. Ich kann noch nicht einmal mehr sagen, ob ich von einem Lehrer oder einer Lehrerin so jäh in diesen Schockzustand versetzt wurde. Als ich mich endlich wieder traute, genau hinzuschauen, sah ich mich einem Stapel Bücher und einem Wust von ganz mit rot beschriebenem Papier gegenüber, alles wurde von der gleichen Hand gehalten, in der auch ein CD-Spieler um sein Leben kämpfte. Das, was hier geschah, war nicht rechtens. Zur Genüge hatten ich und all die anderen Tassen von der Schulleitung zu hören bekommen, dass wir außerhalb des Lehrerzimmers in den Klassenräumen auf keinen Fall etwas zu suchen hätten. Wie gesagt, ich bin keine sehr couragierte Tasse und muss zu meinem Bedauern gestehen, dass es mir nicht gelang, alles bei mir zu behalten. Mir wurde schwindelig und schlecht und ein nicht geringer Teil der Flüssigkeit ergoss sich auf den Fußboden.

Im Flur befanden sich viele kleine Menschen, die schien mein Schicksal überhaupt nicht zu berühren. Sie unterhielten sich unbekümmert und laut darüber, ob einer Mathe hätte, und ob darüber hinaus irgendjemand es etwa auch noch verstehen könne. Sie saßen zum Teil auf der Treppe, was das Durchkommen natürlich sehr erschwerte und meine Reise noch gefährlicher machte.

Irgendwann hat auch einmal die schwerste Prüfung ihr Ende und ich gelangte mit recht viel Schwung, bei dem erneut etwas Flüssigkeit verschüttet wurde, wieder auf sicheren Boden, das heißt auf einen Tisch.

Ich war tatsächlich in einem dieser Klassenräume, zusammen mit Lehrperson und einigen schon älteren Schülern. Anscheinend waren heute nicht so viele wie erwartet gekommen, denn es wurde gefragt: „Weiß einer, wo der Rest ist?"

Vom weiteren Verlauf der Stunde kann ich nicht viel mehr sagen, als dass ich kaum etwas verstanden habe, denn meist sprach man in einer fremden Sprache. Die Atmosphäre war jedenfalls sehr entspannt und freundlich und ich döste ein wenig ein.

Als ich erwachte, war es ganz, ganz still. Ich bekam Angst, denn ich war völlig alleine im Raum, dachte ich zumindest, bis mich eine leere Colaflasche auf der Fensterbank ansprach. Sie erzählte, dass sie auch ein nicht ungefährliches Dasein führte, weil sie sich verstecken musste, sobald sich ein Lehrer oder eine Lehrerin im Zimmer befand. „Um mich abzulenken, versuche ich, die alten Bilder, die sie ‚Folien' nennen, zu verstehen – allerdings nicht immer mit Erfolg."

„Ja, heute war es wieder ziemlich lustig" meldete sich ein liegengebliebener, leerer Joghurtbecher zu Wort, die Schüler hatten Deutsch und sollten immer so merkwürdig reden, mit ‚würde' und ‚hätte' und manchmal durfte man gar nicht ‚würde' und ‚hätte' sagen, weil das plötzlich falsch war. Das Ganze nannte man dann irgendwie *Konjunktiv*, es gab eine Folie für Konjunktiv eins und eine Folie für Konjunktiv zwei."

Eine Weile lenkte mich dieses Gerede ab, aber dann bekam ich wieder Heimweh nach meinen Tassenkumpels und ich sehnte mich nach einem Bad in der Spülmaschine, insbesondere, da der Rest der Flüssigkeit, der noch in mir drinsteckte, angefangen hatte einen schmierigen Rand zu bilden, der mit der Zeit schrecklich juckte.

Die Rettung kam schließlich in Gestalt einer energischen Hand, die mich hochhob. Ich schaute in ein empörtes Gesicht, dessen missbilligender Blick mich einmal mehr wissen ließ, dass ich hier völlig fehl am Platz war. „Ich bin doch nur eine Kaffeetasse", schoss es mir auf meiner erneuten Reise durch das Treppenhaus durch den Kopf. Die ziemlich lieblose Behandlung hätte ich ja gerne erduldet, wenn sie wenigstens dazu geführt hätte, dass ich schnurstracks ins Lehrerzimmer und in die Spülmaschine gewandert wäre und mir das klebrige Zeugs hätte abwaschen können.

Jedoch musste ich zunächst einen Umweg ins Büro des Schulleiters machen. Ich fühlte mich genauso unbehaglich wie der Lehrkörper, der im Halbkreis um den Direktor stand. Es war mir sehr unangenehm, im Zentrum der Aufmerksamkeit zu stehen. Es ging um Regeln, die *ich* anscheinend gebrochen hatte und darum, dass man Grundsätze durchsetzen müsse. Nach ausgiebiger, teilweise hitziger Diskussion hatte schließlich einer der Gesprächspartner Erbarmen mit mir und beförderte mich ins Lehrerzimmer und in die Spülmaschine.

Endlich konnte ich mich unter dem Strahl warmen Wassers entspannen. Gleich würde der Reinigungsstab aus seiner Kammer springen und uns alle mit seinem weißen, weichen Schaum verwöhnen. Da wurde meine innere Ruhe durch zwei Tratschtassen gestört, die genau rechts und links neben mir standen.

„Was ist das wieder für ein Chaos", beschwerte sich die eine mit dem verblichenen Weihnachtsmann auf dem Bauch.

„Keiner blickt mehr durch", schloss sich die Freundin an. Sie war ständig deprimiert. Einst zierte ihre Vorderseite ein markiger Spruch. Der war nicht mehr lesbar, die Zeit und die vielen Spülgänge hatten zu viel der blauen Farben verblichen.

„Wenn man wenigstens mal Informationen bekäme, was jetzt werden soll, es ist so unorganisiert, ich drehe nun schon die vierte

Runde in der Maschine und keiner holt mich hier raus. Eigentlich sollte ich ohnehin nicht in diese Maschine, ich bin ausdrücklich dafür nicht geeignet."

Eine der umstehenden Tassen reagierte genervt. Nicht schon wieder die alte Leier. Aber, das Lamentieren war nicht zu stoppen. „Dafür hatte ich sogar ein schriftliches Attest, als ich noch auf dem Regal in diesem exquisiten und sündhaft teuren Laden stand."

„Früher, als wir noch per Hand gespült wurden, war es auf alles Fälle besser", beeilte sich ein in die Jahre gekommener, ebenfalls verblichener Plastikbecher beizupflichten. Er litt darunter, aus anderem Material wie die restlichen Trinkgefäße gemacht zu sein. Um doch ein wenig dazuzugehören, vertrat er oft die Meinung der anderen, wobei er manchmal übertrieb. „Wie liebte ich den persönlichen Touch", schwärmte er. Wasserperlen sammelten sich in den tiefen, ins Plastik eingegrabenen Kerben.

„Hast du eine Ahnung," mischte sich nun einer der wenigen Teller, die mit mir diesen Spülgang teilten, ein, „früher, da war alles viel, viel schlimmer. Ihr wisst nicht, was ich mitgemacht habe."

In der Tat sah das arme Geschirr ziemlich mitgenommen aus. Sogar der sich langsam ausbreitende duftende Schaum konnte die grauen Linien, die das weiße Porzellan des Tellers durchzogen, nicht verbergen. Er seufzte erneut, verschluckte sich an einem noch unaufgelösten Tabkrümel und erzählte von vergangenen Zeiten, in denen es im Lehrerzimmer oftmals recht unappetitlich roch. „Tagelang mussten wir auf den Tischen und der Spüle warten, bis jemand kam und uns von ekligen Essensresten befreite. Seit es die Spülmaschine gibt, stehen die Chancen einer zeitnäheren Reinigung wenigstens etwas besser."

Das beruhigende „Wusch, Wusch" der sich drehenden Düsen untermalte die Unterhaltung. Ein Senfglas, das sehr glücklich war, weil aus ihm jetzt getrunken wurde, warnte vor einer Zeit, in der die Dienste der meisten im Spülgang Anwesenden nicht mehr benötigt würden. „In der letzten Konferenz wurde beraten und beschlossen, fürs Lehrerzimmer neues, passendes Geschirr und Gläser im Set anzuschaffen. Ich habe es selbst gehört, denn ich war dabei, stand mitten auf dem Tisch. Wer weiß, was aus uns allen noch wird!"

Im Besteckkasten begann es laut und aufgeregt zu klappern. Messer und Kaffeelöffel stritten sich heftig. Es ging darum, ob man sich in Zukunft nicht besser vor dem Waschgang in entsprechende Fraktionen, nach Messer, Gabel, große Löffel, kleine Löffel sortieren sollte, das würde dann das spätere Einsortieren in die Schrankfächer erleichtern.

„Das funktioniert nie. Wir sind immer viel mehr Messer und kleine Löffel. Die haben dann keinen Platz, während im Gabelgefach gähnende Leere herrscht," beschwerte sich ein Teelöffel und drehte sich beleidigt in die andere Richtung.

Ein Unterteller wusste zu berichten, dass es anscheinend in einem der Büros nicht mit rechten Dingen zuginge. Augenscheinlich verschwänden vom Computerbildschirm der Sekretärin Buchstaben, Wörter und manchmal sogar ganze Texte ohne jegliches menschliche Zutun. Die arme Untertasse, die zusammen mit der Bewohnerin des Büros, einer sehr netten Dame übrigens, die seit vielen Jahrzehnten der Schulgemeinschaft diente, Zeuge dieser mysteriösen Vorkommnisse war, fürchtete sich sehr davor, dass sie vielleicht das gleiche Schicksal ereilen und sie auf Nimmerwiedersehen verschwinden könnte.

Die Tratschtasse mit dem verblichenen Weihnachtsmann meldete sich wieder zu Wort. „Neulich da sah es auf den Tischen im Lehrerzimmer wie auf einem Flohmarkt aus. Man sammelte für eine ‚Tombola' zum Schulfest. Ich hatte schreckliche Angst, als Preis gekennzeichnet und von zu Hause vertrieben zu werden."

„Wer wollte dich schon gewinnen? Außerdem, dann hättest du wenigstens mal was erlebt und wärst hier mal rausgekommen", gab die Freundin bissig zurück.

Für eine Weile war es still im Spüler – alle hingen ihren Gedanken nach. Dann fingen die beiden Tratschtassen wieder an und was sie diesmal sagten, erschütterte mich tief. Sie sprachen über einen lieben Freund von mir, mit dem mich wahrscheinlich genau die Tatsache verband, dass wir beide so verschieden waren. Es ging um einen der Schulschlüssel. Davon gibt es viele. Sie liegen oft bei uns auf den Tischen und erzählen von den Erlebnissen, die sie so im Laufe des Tages hatten. Schulschlüssel kommen viel rum und erleben viele Abenteuer, während der sie oft tagelang verschwinden und erst nach viel Sucherei und heiß begehrt wieder auftauchen. Die meisten Schlüssel sind sehr hochnäsig, sie bilden sich etwas darauf ein, dass sie so wertvoll sind und ihre Besitzer selbst durch kleinste Eskapaden in helle Aufregung versetzen können. Selbst wenn sie sich nur für kurze Zeit in einer Mappe oder zwischen einem Stapel Papiere verstecken, sucht gleich das ganze Kollegium nach ihnen. Eine unscheinbare und meist unbeachtete Kaffeetasse kann da schon einmal eifersüchtig werden.

Unter den Schulschlüsseln gab es einen, der war anders. Er befand sich an einem sehr beeindruckenden Schlüsselbund und war dennoch nicht eingebildet. Er unterhielt sich oft und gerne mit mir und hatte jede Menge interessanter Geschichten von der Welt sogar jenseits der Schule zu erzählen. Da er ja, im Gegensatz zu uns Teller und Tassen, jeden Tag die Welt bereiste, war er sehr klug. Mit Bewunderung und manchmal ein wenig Neid beobachtete ich, wie er seinen Weg nach draußen fand und diese Freiheit anscheinend sogar genoss.

„Das hätte ich dann doch nicht gedacht, dass er tatsächlich einmal Reißaus nimmt und auf Nimmerwiedersehen verschwindet." Tratschtasse zwei schüttelte missbilligend den Henkel.

Mir stockte der Atem. Mein Freund war weg und aus den weiteren Erzählungen musste ich schließen, dass er wohl nicht wieder kommen würde.

Ich wusste jetzt, dass es mehr gab als diese Schule und ich wünschte mir, ich könnte all meinen Mut zusammennehmen und herausfinden, was die Welt da draußen so zu bieten hat. Genau wie mein Freund, der Schulschlüssel.

Es muss an dieser Stelle gesagt werden, dass derjenige, der auf ihn aufpassen sollte, diese Aufgabe nicht zufriedenstellend gelöst hat. Dieser Mensch hat meinen Freund einfach irgendwo liegen lassen, allem Anschein nach sogar in den Ferien in einem fremden Land!

Und ich? Ich machte mir natürlich zuerst große Sorgen und fühlte mich einsam. Dann jedoch beruhigte ich mich und eine frohe Ahnung erfüllte mich: Wo auch immer der Schlüssel jetzt ist, ich denke, dass es ihm gut geht, dass er viele neue Dinge erlebt und sieht und sich seines Lebens und an seiner Freiheit freut.

Was mich anbelangt, so hoffe ich, dass mich nachher wieder jemand aus der Spülmaschine nimmt und an meinen Platz räumt. Denn ich bin der festen Überzeugung, dass es allen Seiten dienlich ist, wenn alle Tassen im Schrank stehen, auch wenn die eine oder andere eine kleine Ecke abhat.

Ene mene mule

Ene mene mule
wir gehen all zur Schule.
Dort lernen wir viel
und das ist kein Spiel,
„nein, wir lernen nichts", sagt die Jule

Disclaimer: es ist keinesfalls erwiesen
oder wissenschaftlich belegt, dass Jule recht hat.

Sahar

Groß und golden stand die Mondsichel über dem Dom. Dabei war es erst später Nachmittag. Auf der gegenüberliegenden Seite des Marktplatzes befand sich das Bistro „Zorba". Durch die gläserne Tür fiel warmes Licht auf die Pflastersteine.

Für Sahar gehörten die Stunden, in denen sie im Zorba kellnerte, zu den schönsten des Tages.

„Ich mag arbeiten im Zorba. Ich mag die Menschen im Zorba auch." Es fiel Sahar schwer weiterzusprechen, sie gab sich einen Ruck: „Ich gehöre auch dazu, ja?" Sie sah ihren Kollegen an und wurde rot. „… Ein wenig?"

„Klar, du gehörst zu uns", bestätigte Stefan energisch. Er arbeitete seit vielen Jahren hinter der Theke. „Du hast dich so gut eingelebt und dein Deutsch ist richtig klasse, wenn man bedenkt, dass du erst vor wenigen Jahren aus Syrien hierher gekommen bist."

Sahar freute sich über das Kompliment. Gleichzeitig war es ihr peinlich, gelobt zu werden, sie sagte schnell: „Besonders danke an deine Freundin Anna. Anna, deine Liebe und meine Lehrerin." Die junge Frau führte ihre Hand zum Herzen. Es wirkte kein bisschen pathetisch.

Bei allem Optimismus, den Sahar ausstrahlte, fühlte sie ständig eine tiefe Unsicherheit. Während des Krieges und dann auf der Flucht aus ihrem Heimatland durch die Wüste und übers Meer hatte sie schlimme Dinge gesehen und erlebt. Zum Glück wurde Sahar selten von Albträumen gequält, dafür war sie dankbar. Der Schlaf gewährte ihr eine zeitweilige Rückkehr in ihr altes Leben mit Freunden und Familie. Wenn sie jedoch erwachte, beschlich sie das Gefühl, sie befände sich nun in einem wirren Traum, der ihr lediglich vorgaukelte, er wäre von jetzt ab ihr wirkliches Dasein.

Bei ihrem Ehemann Mustafa sah das anders aus. Nie hätte sie gedacht, dass dieser selbstbewusste Mann, der ihr vor über fünf

Jahren als ihr zukünftiger Gatte vorgestellt wurde, einmal Nacht für Nacht schreiend aus dem Schlaf aufschrecken würde. Sahar hatte in vielen Gesprächen versucht, herauszubekommen, welche Erinnerungen es waren, die bei Mustafa diese heftigen Reaktionen auslösten, hatten sie doch schließlich die Flucht gemeinsam erlebt und überlebt. Mustafa redete im Schlaf. Was er jedoch sagte, darauf konnte sich Sahar keinen Reim machen. Viele ihrer Landsleute hatten wegen ihrer schrecklichen Kriegs- und Fluchterlebnisse große psychische Probleme. Den meisten half es, darüber zu reden. Aber Mustafa weigerte sich, über seine düsteren Gedanken zu sprechen, und verbot seiner Frau strikt, weiter auf Erklärungen zu drängen. Zuweilen wurde er dabei sehr schroff. Schließlich ließ sie die Dinge auf sich beruhen und akzeptierte die Distanz, die zwischen ihnen entstanden und ständig größer geworden war.

Sie dachte an die erste Zeit ihrer Ehe zurück. Sahar war um einiges jünger als Mustafa und seine Liebesschwüre und Beteuerungen hatten sie mit Stolz, Wärme und Zuversicht erfüllt. Als Beleg seiner Zuneigung überschüttete Mustafa seine junge Frau mit Geschenken. Es verging kaum ein Abend, an dem er nicht von der Arbeit heimkam, ohne einen Strauß Blumen, Konfekt oder sonst eine Kleinigkeit mitzubringen. Als der Sohn geboren wurde, kannte die Großzügigkeit des stolzen Vaters keine Grenzen mehr.

Sahar war froh, diese Zeit erlebt zu haben, ohne zu wissen, was die Zukunft bringen würde. Sie hätte sich nie vorstellen können, dass ihrem kleinen Sohn sein sicheres Zuhause genommen würde, bevor er zwei Jahre alt war. Auf der Flucht und in ihrem neuen Leben in Deutschland veränderte sich das Verhältnis zu ihrem Mann. Sein Benehmen ihr gegenüber empfand sie als zunehmend bevormundend. In den seltenen Momenten, in denen sie alleine waren, verhielt er sich lieblos. Irgendwann begegnete sie seinen schlechten Träumen ohne Mitleid. Sahar hatte von ihrem Mann Schutz erwartet, jetzt begann sie, sich vor ihm zu fürchten.

Sie versuchte, sich damit abzufinden, von nun an in einer Welt zu leben, in der ihr vieles nicht vertraut war. Sie machte die Erfahrung, dass sie genügend Stärke besaß mit all dem Neuen umzugehen. Viel später als dies für Mustafa möglich war, erhielt sie schließlich ebenso Gelegenheit einen Deutschkurs zu besuchen und wurde eine der besten Schülerinnen. Sie bekam einen Job und war darin erfolgreich. In Syrien wäre es für sie unvorstellbar gewesen, einmal als Kellnerin zu arbeiten. Nun genoss sie diese Tätigkeit und die Zusammenarbeit mit den Kollegen und Kolleginnen.

Ihrer Deutschlehrerin Anna verdankte sie viel. Sie hatte ihrer Schülerin den Job in dem Bistro vermittelt, in dem ihr Lebensgefährte Stefan arbeitete. Mit der Zeit entwickelte sich das Lehrerin – Schülerin Verhältnis zu einer Freundschaft. Anna half Sahar bei Behördengängen und begleitete sie zum Frauenarzt. Mustafa wollte unbedingt ein weiteres Kind. „Einen kleinen Bruder für Hakim, der demnächst immerhin schon vier Jahre alt wird", pflegte er zu sagen und Sahar hörte den Vorwurf in seinen Worten.

„Aber jetzt ein Baby, da kann ich Sprachkurse und Job vergessen", erklärte sie Anna. Sahar ließ sich die Pille verschreiben, nahm sie heimlich und war erstaunt über die eigene Skrupellosigkeit. Gemeinsam suchten die beiden Frauen in Sahars Wohnung ein geeignetes Versteck für die verbotene Schachtel.

„Zu Zeiten meiner Mutter gab es das in Deutschland auch noch", sagte Anna. „Auch bei uns war es für Frauen schwierig, selbst zu entscheiden, ob, wann und wie viele Kinder sie bekommen wollten. Meine Mutter erzählte, wie ein Nachbar einmal bei der Hausrenovierung die unter dem Fußboden versteckten Antibabypillen seiner Frau fand. ‚Das Gebrüll des Mannes konnte die ganze Straße hören', erzählte meine Mama."

Sahar zuckte zusammen. „Wir können nur hoffen, dass Mustafa niemals erfährt, dass ich die Pille habe."

„Wir sind hier schließlich in Europa, heute können wir Frauen über unseren Körper bestimmen, in den meisten Ländern zumindest. Dagegen kann dein Mustafa auch nichts machen."

„Du hast keine Ahnung!" Sahars Augen wurden noch dunkler als sie es ohnehin schon waren.

Anna bohrte weiter. „Wenn er es herausfände, was würde er tun?"

„Das willst du nicht wissen, glaube mir."

Sahar sprach mit einer Bestimmtheit, die Anna davor zurückhielt, dieses Thema im Augenblick weiter zu verfolgen. Sie hatte den Ehemann ihrer Schülerin kurz kennengelernt, als er seine junge Frau das erste Mal zum Kurs begleitete. Nachdem er feststellen konnte, dass es sich bei den anderen Kursteilnehmern ausnahmslos um Frauen handelte, war er es zufrieden und gestattete Sahar, weiterhin zu kommen. Während der Unterrichtsstunden passte er sogar auf den kleinen Sohn auf.

Anna traute der höflichen, ans Unterwürfige grenzenden Art, mit der Mustafa ihr gegenüber auftrat, nicht. Sie konnte sich vorstellen, dass er zuhause ganz anders war und auf seinem Willen bestand, sei es durch physischen oder psychischen Druck. Spuren körperlicher Misshandlung hatte sie bei Sahar nicht entdeckt. Anna wusste aus Erfahrung, dies musste nicht viel bedeuten. Neben ihrem Job als Deutschlehrerin für geflüchtete Menschen arbeitete sie ehrenamtlich in einem Frauenhaus. Manche Männer waren sehr geschickt darin, Frauen zu misshandeln, ohne sichtbare Spuren zu hinterlassen. Häufig wollten die Betroffenen nicht darüber sprechen, wenn sie Opfer häuslicher Gewalt wurden.

Anna blieb nichts anderes übrig, als Sahars Privatsphäre zu respektieren und zu versuchen, das angeknackste Selbstvertrauen der Freundin zu stärken.

„Du bist stark und klug, ich bewundere dich dafür, wie du hier in Deutschland innerhalb kurzer Zeit Fuß gefasst hast. Du hast die Sprache schnell gelernt, bist gut in deinem Job …",

„… den du mir vermittelt hast", wandte Sahar ein.

„Nimm doch mal ein Lob an, wenn es angebracht ist. Stefan schwärmt von dir in den höchsten Tönen. Er spricht zuhause ständig davon, wie schnell du lernst, dir Dinge merkst und von deinem Teamgeist."

„Stefan sagt, ich bin ein Geist?"

„Nein", lachte Anna, „er meint, du kommst gut mit Menschen klar, hast ja auch viele Freunde, deutsche wie arabische. Dein Sohn ist gut im Kindergarten integriert."

Sie hatten sich mittags in einem Café getroffen und gönnten sich eine kleine Auszeit. Anna hob ihre Cola hoch und prostete Sahar zu. „Bei alledem kannst du unglaublich fröhlich sein. Wer dich nicht kennt, würde nie vermuten, was du mitgemacht hast."

Der Tag sollte für Sahar nicht so harmonisch enden. Als sie zur Arbeit gegangen war, hatte Mustafa durchblicken lassen, dass es für ihn eigentlich unzumutbar war, wenn er schon auf seinen Sohn aufpasste, sein Kind auch noch vom Kindergarten abzuholen.

„Außer mir sind da fast nur Mütter." Er stand vor Sahar und sah auf sie herab. „Sehe ich aus wie eine Mutter?"

„Ich schaffe es wirklich nicht, wenn ich die Nachmittagsschicht habe, rechtzeitig in der Kita zu sein." Wenn jetzt ein großer Streit ausbrach, würde sie zu spät zur Arbeit kommen. Sie fügte schnell hinzu: „Vielen Dank für deine Hilfe. Ich werde mich eilen und bereits zuhause sein, wenn ihr kommt."

„Dann gibt es ja wohl wenigstens etwas Leckeres zu essen." Mustafa machte eine anzügliche Geste und lächelte. „Und nach dem Essen geht Hakim erst einmal schlafen."

Während er sprach, versperrte Mustafa Sahar den Weg. Erst, als sie ihm einen Kuss gab, ließ er sie gehen.

***

Sahar konnte nicht pünktlich Feierabend machen. Das Bistro war bis auf den letzten Platz besetzt. In den Nachrichten war von einem hochansteckenden Virus die Rede, das der Menschheit gefährlich werden und das gesellschaftliche Leben verändern würde. Politiker zogen in Betracht, die Hotels und Gaststätten zu schließen.

„Als ob die ganze Stadt noch mal auswärts essen gehen wollte", stellte Stefan fest, der sich die Schicht mit Sahar teilte.

Sie hatte sich vorgenommen, auf dem Nachhauseweg im türkischen Supermarkt einzukaufen. Das konnte sie nun vergessen. Mustafa würde schlecht gelaunt sein, wenn er sein Lieblingsgericht nicht bekäme. Auf die von ihm angekündigte Stunde trauter Zweisamkeit, während Hakim schlief, hatte Sahar erst recht keine Lust. Sie fühlte sich gehetzt und ihr graute vor dem Nachhausekommen. Die Tatsache, dass sie Angst vor ihrem Mann hatte, verletzte ihren Stolz und sie schämte sich dafür.

Sahar hatte syrische Freundinnen, die ebenfalls aus ihrer Heimat geflohen waren. Sie kannten sich von ihrem gemeinsamen Aufenthalt im Auffanglanger. Auch wenn sie auf verschiedene Städte verteilt wurden, riss der Kontakt untereinander nicht ab. Über ihre Eheprobleme sprach Sahar in diesem Freundeskreis nicht. Nach außen hin waren sie und Mustafa das perfekte Paar, eine sympathische, kleine Familie. Lediglich Anna gegenüber wurde Sahar etwas aufgeschlossener. Sie wusste, der Freundin konnte sie nichts vormachen. Diese nahm dann auch kein Blatt vor den Mund:

„Mustafa nimmt dir deinen Erfolg übel", sagte sie einmal. „Du hast es hier zu etwas gebracht, und er krebst immer noch in seinem Anfänger Sprachkurs rum, den er nicht bestehen wird. Er schwingt große Reden, was er alles hier erreichen wird. Ich wette, dahinter verbergen sich nichts als heiße Luft und seine große Unsicherheit."

„Jetzt verstehe ich nicht, was du sagst. Wieso Krebs und schwingen, wo ist die Luft heiß?"

Wenn mit Anna die Gefühle durchgingen, wie zum Beispiel jetzt, vergaß sie, obwohl sie doch Deutschlehrerin war, dass Sahar noch nicht die Feinheiten der Sprache, die sie so erfolgreich lernte, durchdrungen hatte. Dem Gesprächsfluss tat dies indes keinen Abbruch. Im Gegenteil, Anna hatte eine Art, Redewendungen zu erklären, die eine Leichtigkeit in die Unterhaltung brachten. Somit hatte das Thema einstweilen ein Stück seiner Ernsthaftigkeit verloren. Anna freute sich, wenn die Freundin lachte.

Dennoch war Sahar klar, Anna hatte recht. Weder, wenn sie zu zweit waren, noch in Gesellschaft wagte sie es, auch nur anzudeuten, dass Mustafa bis jetzt in seinem vom Arbeitsamt teuer bezahlten Sprachkurs nur einen Bruchteil der Kenntnisse erworben hatte, die er zur Bestehung der Prüfung benötigte. Sie fürchtete sich vor dem Tag, an dem er durchs Examen fallen würde und dieser Misserfolg auch vor ihren Freunden nicht mehr schönzureden wäre.

Selbst wenn sie todmüde war, bemühte sie sich, im Haushalt alles zu seiner Zufriedenheit zu erledigen. Er durfte auf keinen Fall auf die Idee kommen, ihr das Arbeiten im Bistro zu verbieten. Sahar wusste, dass er, als ihr Ehemann, das nach deutschen Gesetzen gar nicht durfte. Sie wusste auch, Mustafa scherte sich darum nicht. Er benutzte jede Gelegenheit, Sahars Erfolge kleinzureden und sprach abschätzig über ihre Arbeit im Bistro.

„Das bisschen, das du da verdienst, macht für unseren Haushalt keinen Unterschied. Das meiste Geld kriege ich ohnehin vom Amt. Wenn der deutsche Staat mir endlich erlaubt zu arbeiten, dann können wir wieder gut leben."

In Wirklichkeit wartete Mustafa jeden Monat auf Sahars Arbeitslohn, über dessen Verwendung zu entscheiden er als sein gutes Recht ansah.

Unterschiedliche Auffassungen von Beziehungen zwischen Mann und Frau waren oft Gesprächsgegenstand zwischen Anna und Sahar. Sahar äußerte einmal, wie demütigend sie es empfand, in einer Ehe zu stecken, in der scheinbar alle Vorurteile, die es im Hinblick auf die Kulturunterschiede zwischen ihrer eigenen Tradition und ihrem neuen Heimatland gab, bestätigt wurden.

„Es gibt keinen Grund, dich für die Herrschsucht und Selbstgerechtigkeit deines Mannes zu schämen!" Auch wenn Anna längst nicht das ganze Ausmaß der psychischen und physischen Brutalität, der Sahar mittlerweile ausgesetzt war, kannte, versuchte sie die Freundin dazu zu überreden, sich mehr Freiheit zu erkämpfen.

„Du könntest mit Hakim ins Frauenhaus ziehen. Da wärst du erst einmal sicher."

Seit sie in Deutschland lebte, kam Sahar durchaus schon einmal der Gedanke, wie es wäre ein Leben ohne Mustafa zu führen. Sie schaute jedoch skeptisch.

„Spätestens auf dem Weg zur Arbeit oder auch im Bistro würde er mich abfangen und dann …"

„Die Mitarbeiterinnen im Frauenhaus kennen solche Probleme. Wir wissen, was zu tun ist. Wenn nötig, kannst du in eine andere Stadt ziehen, wo Mustafa dich nicht findet. Das Frauenhaus wäre dabei behilflich."

„Ich muss auch an Hakim denken, er soll froh sein, keine Sorgen mehr", warf Sahar ein.

„Wenn Mustafa dich bedroht, musst du ihn anzeigen und dann bekommt er Kontaktverbot."

Das ging für Sahar zu weit.

„Meinen Mann anzeigen? Glaubst du, ihn interessiert so ein Kontaktverbot?"

„Wenn er sich nicht daranhält, kann die Polizei ihn festnehmen und sogar einsperren."

Sahar schüttelte resigniert den Kopf. „Eine Cousine von mir, die ist mit ihrer Familie ebenfalls geflohen. Sie sind nach Köln gekommen. Meine Cousine wollte weg von ihre Mann. Sie verließ ihn, ging sogar zu Gericht. Es war eine richtige große Sache. Sie hat sogar für eine Weile Schutz von Polizei. Sie haben darüber gesagt in Fernsehen. Dann lag sie im Krankenhaus, viele Knochen gebrochen. Fernsehen war bald weg und meine Cousine jetzt ist wieder mit ihrem Mann. Darf sie das Haus nicht mehr verlassen."

„Es kann doch nicht sein, dass wir das einfach akzeptieren, dass du dich so in dein Schicksal fügst!"

„Du bist nicht ich. Vielleicht du hast keine Angst. Da ist auch Familie. Meine Mutter, mein Vater und meine Geschwister zuhause werden eine Trennung nicht verstehen. Ich will die Familie nicht zerstören. Hakim liebt seinen Vater sehr."

„Hast du schon einmal darüber nachgedacht, was für ein Beispiel dein Mann für den kleinen Hakim ist. Willst du, dass er später genauso wie sein Vater wird?"

Dieses Argument verfehlte seine Wirkung auf Sahar nicht.

„Irgendwann ich werde Mustafa verlassen und frei sein. Wenn Hakim älter ist und versteht. Wenn ich guten Beruf habe. Wann, das sage dann ich!"

Tatsächlich sehnte sich Sahar nach einem verlässlichen Menschen an ihrer Seite. In ihrer alten Heimat hatte sie geglaubt, Mustafa wäre so ein Mann, der sie beschützte und liebte. Sie musste lernen, dass sie sich getäuscht hatte. In dem Augenblick, in dem er seine Privilegien und seinen Status als Sohn einer wohlhabenden und angesehenen Familie verloren hatte und wegen eines ernsthaften Zerwürfnisses mit sehr einflussreichen und daher mächtigen Lokalpolitikern ihrer bis dahin vom Bürgerkrieg weitgehend verschont gebliebenen Stadt das Land verlassen musste, verschwanden auch seine Stärke und seine Souveränität.

Sahar dachte in letzter Zeit manchmal, dass sie es gerne gehabt hätte, wenn Mustafa sich ihr gegenüber so freundlich und hilfsbereit verhalten hätte, wie ihr Kollege Stefan dies tat. Er war geduldig und verlor, auch wenn es Konflikte mit angetrunkenen Gästen gab, nicht die Fassung. Wenn Sahar mit Stefan in eine Schicht zusammen eingeteilt war, fühlte sie sich sicher und mit Respekt behandelt.

***

Mustafa kam später nach Hause als sonst. Er hatte den Kleinen bei sich. Die Frau eines Landsmanns, dessen Kinder in den gleichen Kindergarten gingen, hatte Hakim mitgenommen und auf ihn aufgepasst, bis sein Vater ihn dann abholte. Während Sahar über jede Stunde des Tages Rechenschaft ablegen musste, sagte

Mustafa nie, wo er gewesen war. Als sie den Schlüssel in der Tür hörte, begann ihr Herz zu rasen.

„War es schön im Kindergarten? Das Essen ist bald fertig." Sie versuchte eine harmlose Unterhaltung in Gang zu bekommen.

„Das ist auch gut so, ich hab' nämlich Hunger! Was hast du denn Gutes für mich gekocht, da sind wir mal gespannt, nicht wahr Hakim?"

Sahar drehte sich weg, als Mustafa ihr einen Begrüßungskuss geben wollte und gab vor, mit dem Essen beschäftigt zu sein. „Geh, Hakim, wasch dir die Hände. Ein klein wenig dauert es noch. Bin heute nicht ganz pünktlich von der Arbeit weggekommen."

Mustafa setzte ein enttäuschtes Gesicht auf.

„Das verstehe ich nicht. Dein Boss weiß doch, dass du eine Familie hast und rechtzeitig heimgehen musst. Wie kann es sein, dass du es nicht schaffst, zur richtigen Zeit hier zu sein?"

Sahar kannte diesen jammernden Ton ihres Mannes, den sie in der letzten Zeit immer öfter zu hören bekam, zu gut. Von nun an könnte sie tun und sagen, was sie wollte, es hätte keinen Einfluss auf den weiteren Ablauf des Abends.

Sie räumte das Geschirr ab und die Küche auf. Mustafa telefonierte mit Verwandten in Syrien. Er sah kurz zu Sahar auf: „Geh jetzt und bade Hakim." Als wüsste sie ohne seine Anordnung nicht, wie sie sich um ihr Kind zu kümmern hatte! Sahar hoffte sehr, dass der Kleine die in der Wohnung herrschende Stimmung nicht mitbekäme. Was Anna sagte, stimmte: Mustafa war ein katastrophales Rollenbild.

„Na, ihr zwei, seid ihr noch nicht fertig?", Mustafa setzte der Unbekümmertheit, zu der Sahar trotz allem beim Spiel mit ihrem kleinen Sohn gefunden hatte, ein Ende. Sie wagte dennoch, Mustafa zuzurufen: „Wir werden noch eine Geschichte lesen."

„Setz' dich", sagte er zu ihr, als sie aus dem Kinderzimmer kam. „Ich habe dir schon oft gesagt, dass es wichtig ist, pünktlich aus dem Laden zu gehen, in dem du denkst, dein Geld verdienen zu müssen."

Sie wusste es hätte keinen Zweck darauf hinzuweisen, dass das Geld wichtig für die Familie war und Mustafa darüber bestimmte, was davon gekauft wurde.

„Und dann hast du uns minderwertiges Essen vorgesetzt. Meinst du, ich merke nicht, wenn du billiges Gemüse im Supermarkt kaufst." Er war jetzt aufgestanden und ging auf ihren Sessel zu.

Sie ärgerte sich, dass sie den Einkaufszettel auf dem Küchenschrank liegenlassen hatte.

„Es geht doch um unseren Sohn, das Wichtigste, das es für dich auf der Welt geben müsste." Seine Stimme wurde wieder weinerlich.

„Aber du ziehst vor, deine Zeit in einer Kneipe zu verbringen." Er griff nach ihr, zog sie hoch. „Jetzt zeig mal, ob du wenigstens weißt, welche Pflichten du deinem Mann gegenüber hast."

Es gab Zeiten, da hatte sie gehofft, die Verachtung, die er ihr gegenüber an den Tag legte, würden ihm wenigstens die Lust nehmen, sexuell mit ihr zu verkehren. Dem war nicht so.

„Du magst das nicht? Magst du mich nicht? Treibt sich etwa ein anderer in deinen nutzlosen Gedanken herum? Ich werde dir schon zeigen, wer dein Mann ist!"

Auf die erste Ohrfeige folgten weitere. Heute wollten sie gar nicht mehr aufhören.

Sahar versuchte, sich von ihm wegzudrehen. „Mustafa, bitte, nicht mein Gesicht. Wenn man etwas sieht, wenn ich Hakim in den Kindergarten bringe! Und zur Arbeit kann ich dann auch nicht."

Mustafa ließ von den Schlägen ab, hielt ihr den Mund zu, würgte sie bis sie fürchtete, das Bewusstsein zu verlieren. Dann wendete er sich anderen Aktivitäten zu, die keine äußeren Spuren bei seiner Frau hinterlassen würden.

***

„Ich sehe doch, dass du geweint hast. Und den blauen Fleck an der Schläfe und die Druckstellen am Hals kannst du nicht völlig überschminken."

Dass Stefan von den Misshandlungen wusste, empfand Sahar beinahe demütigender als die Tatsache, dass diese stattfanden.

Stefan berührte Sahar ganz leicht am Arm.

„Du, das ist keine Schande, du bist hier das Opfer. Du kannst, sollst und musst dich wehren. Wir werden für dich da sein."

Stefans Berührung durchfuhr sie wie ein elektrischer Schlag. Sie versuchte, sich nichts anmerken zu lassen, und lud die fertig gezapften Bier auf ihr Tablett. „Anna sagt auch, ich soll Mustafa verlassen und mit Hakim ins Frauenhaus."

„Wenn du willst, kannst du auch erst einmal zu uns in die WG ziehen, da ist gerade ein Zimmer frei."

Sahars Hand zitterte und sie war nahe daran, das Tablett fallenzulassen. Stefan wollte ihr behilflich sein. Dabei rutschte er auf dem Boden aus. Die Kacheln waren durch verschüttetes Bier glitschig geworden. Stefan konnte sich gerade noch an der Theke festhalten, trat dabei jedoch mit seinen schweren Schuhen auf Sahars Füße.

„Du lieber Himmel, das wollte ich wirklich nicht. Jetzt tue ich dir auch noch weh."

Stefan hielt Sahar kurz in den Armen, um sicher zu gehen, dass sie alleine stehen konnte und er sie nicht verletzt hatte.

Diese neuerliche überraschende Berührung riss Sahar den Boden unter den Füßen weg. Sie war in Stefan verliebt und das wahrscheinlich schon seit der ersten Schicht, die sie und Stefan zusammengearbeitet hatten. In diesem Punkt hatte Mustafa also recht. Gleichzeitig fühlte sie eine starke Loyalität ihrer Lehrerin und Freundin Anna gegenüber. Ihr hatte sie schließlich diese Arbeit im Bistro Zorba zu verdanken. Zu Stefan und Anna in die Wohngemeinschaft, in der die beiden lebten, zu fliehen, stellte keine Option dar. Sahar sah in Stefan den Inbegriff an Fürsorge und Freundlichkeit, Dinge, die sie in ihrer eigenen Beziehung so vermisste. Während der Arbeit gelang es ihr, diese Gefühle zu verbergen. Eine engere private Verbindung zu Stefan konnte es jedoch für Sahar nicht geben. Das war sie ihrer Freundin Anna schuldig.

Die gewalttätigen Ausbrüche Mustafas kamen in immer kürzeren Abständen. Die Misshandlungen wurden schlimmer. Sahar hatte aufgehört, nach Entschuldigungen für das Verhalten ihres Mannes zu suchen und die Hoffnung auf eine positive Änderung aufgegeben. Es war Zeit, ihr Leben zu verändern. Sie machte sich keine Illusionen. Freiwillig würde Mustafa Frau und Kind niemals ziehen lassen. Sie würde Gebrauch machen von den Hilfsangeboten, von denen Anna ihr erzählt hatte. Hakim sollte in Freiheit aufwachsen und einmal in der Lage sein, mit einer Frau eine gleichberechtigte Beziehung einzugehen, wo beide Partner waren.

„Hat Anna heute Dienst im Frauenhaus?" fragte Sahar eines Tages, als im Bistro nicht viel zu tun war. Stefan nickte.

„Kannst du mir die Nummer geben?"

***

Der Auszug, oder besser gesagt die Flucht, musste vorbereitet werden. Sobald sich die Gelegenheit ergab, Mustafa, aus der Wohnung war und so schnell nicht wiederkommen würde, packte sie in Hakims Kindergartenrucksack einige Kleider und Spielsachen für ihren Sohn sowie ein wenig Wäsche für sich. Nach den Pässen und der Aufenthaltsgenehmigung musste sie erst suchen. Mustafa hatte sie aus dem Wohnzimmerschrank genommen und in seinem Kleiderschrank zwischen die Wäsche gesteckt. Ahnte er etwas? Sahar durfte keine Zeit verlieren.

Sie holte Hakim vom Kindergarten ab und zog in das Frauenhaus der Stadt, wo sie sich mit ihrem Kind ein kleines Zimmer teilen musste. Der neue Alltag gestaltete sich schwierig. Das Haus war voll belegt und das Zusammenleben so vieler Menschen stellte große Herausforderungen an die Frauen und Kinder. Sahar und ihr kleiner Sohn Hakim hatten durch ihren Aufenthalt im Flüchtlingslager bereits Erfahrung darin, mit Fremden auf kleinstem Lebensraum zu wohnen. Dennoch fiel vor allem Hakim die Enge schwer. Er musste erneut sein Territorium mit anderen Kindern teilen, hatte zum zweiten Mal sein eigenes Zimmer verloren. Sahar dagegen war überrascht, wie befreiend die Tage und Nächte ohne Mustafa waren. Wie sehr sie sich an die Angst gewöhnt hatte, wurde ihr erst deutlich, als sie sie nicht mehr verspürte. Das galt zumindest für die Zeit, die sie im Frauenhaus verbrachte. Sobald sie auf die Straße hinaustrat, befand sie sich in einem permanenten Zustand der Wachsamkeit. Bevor sie in eine Querstraße einbog, warf sie zuerst einen prüfenden Blick hinein, um sicherzustellen, dass Mustafa sie nicht erwartete. Hakim wurde, wie alle Kinder, mit genauesten Anweisungen ausgestattet, wie er sich im Kindergarten zu verhalten hatte, was er sagen durfte und was nicht. Die Angst vor gewalttätigen Partnern, vor denen sie geflohen waren, war den Bewohnerinnen des Frauenhauses gemeinsam. Sie alle hatten ihre Geschichten, die, wie ihre Herkunft, sehr unterschiedlich waren und sich gleichzeitig oft erstaunlich glichen. Es gab Missverständnisse und Streitigkeiten, die Nerven lagen nicht selten blank. Wenn nötig, griff die diensthabende Sozialarbeiterin ein, oder eine der ehrenamtlichen Helferinnen, zu denen Anna gehörte, wurde zur Schlichtung gerufen. Sahar erlebte auch viele Beispiele der Solidarität und gegenseitigen Hilfsbereitschaft. Einige Frauen glaubten den Versprechungen ihrer sich reuig zeigenden Partner und gingen wieder nach Hause. Häufig kehrten sie dann wieder ins Frauenhaus zurück, manche bereits nach wenigen Tagen. Meist empfanden die Frauen dann, zusätzlich zu den erneut erlittenen Misshandlungen noch Scham darüber, dass sie ihrem alten Leben nicht endgültig den Rücken zugekehrt hatten, und gaben sich selbst die Schuld an dem, was ihnen widerfahren war.

„Du hast an Liebe und Hoffnung geglaubt, das ist nicht schlecht," sagte Sahar einmal. Auch wenn dies die seelische Situation ihrer Leidensgenossin vereinfacht darstellte, so klang es doch tröstlich.

Der Kindergarten war über die veränderte häusliche Situation des kleinen Hakim informiert. Sie würden es Mustafa nicht gestatten, seinen Sohn abzuholen. Allerdings, stellte die Leiterin des Frauenhauses klar, war es wichtig, so schnell wie möglich eine entsprechende richterliche Anordnung über das Aufenthaltsbestimmungsrecht zu erlangen. Das Jugendamt war ebenfalls eingeschaltet.

Sahar konnte sich nicht dazu durchringen, bei der Polizei eine Anzeige gegen Mustafa zu erstatten.

„Das kann zu einem Problem werden", mahnte Anna. Als eine der ehrenamtlichen Mitarbeiterinnen, die die familiäre Situation gut kannte und Sahars Vertrauen besaß, war sie die offizielle Ansprechpartnerin für Sahar.

„Wenn die Misshandlungen nicht in den Akten dokumentiert sind, wird es schwieriger werden, das alleinige Sorgerecht zu beantragen."

Sahar nahm sich nach der Übersiedelung ins Frauenhaus einige Tage vom Zorba frei. Sie musste ihren Kopf klar bekommen und viel Papierkram gab es auch zu erledigen. Sie vermisste Stefan, musste sie sich eingestehen. Von Mustafa hatte sie nichts gehört. Diese absolute Funkstille war ihr unheimlich. Wider besseres Wissen hoffte sie, er würde sich schließlich mit der Situation abfinden. Die Frauen waren darin geübt, sich gegenseitig bei der Kinderbetreuung zu unterstützen, und bauten ein Sicherheitsnetz auf, damit die Kinder auf dem Weg zur Schule oder in die Kita begleitet wurden und somit nicht von ihren Vätern abgepasst werden konnten. Das Thema „Kindesentführung" hing wie ein Damokles-Schwert über den Müttern.

Sahar ging wieder zu Arbeit. Dort war man sehr verständnisvoll und ermöglichte es ihr, ihre Schichten so zu legen, dass sie Hakim möglichst selbst sicher zum Kindergarten bringen und wieder abholen konnte.

Dann begannen die nächtlichen Anrufe. Sahar hatte ihre alte Handynummer behalten, das Telefon stellte die einzige Verbindung zu ihren Freunden und ihrer Familie in Syrien da. Notgedrungen beantragte Sahar jetzt eine neue Nummer, die sie nur den engsten Vertrauten mitteilte. Eine Zeit lang war Ruhe, dann fing es nachts wieder an zu klingeln. Am andern Ende der Leitung gab außer Atemgeräuschen nur Stille. Einmal hörte sie leises, hämisches Lachen.

Woher hatte Mustafa die neue Nummer? Sahar vermutete einen Verräter unter den Mitgliedern ihrer eigenen Familie.

Ein paar Mal, auf dem Weg zurück zum Frauenhaus, fühlte sich Sahar verfolgt. Sie glaubte, Schatten zu sehen, die sich alsbald in Ladeneingängen verloren. Sie gewann den Eindruck, nicht immer von der gleichen Person beobachtet zu werden.

Mustafa lebte weiterhin in der gemeinsamen Wohnung, er hatte sich einen Anwalt genommen. Auf Empfehlung des Jugendamts erhielt Sahar einstweilen das Aufenthaltsbestimmungsrecht, dem Vater wurde ein recht großzügiges Umgangsrecht eingeräumt.

„Er hat einen guten und teuren Anwalt, den hat die Sozialhilfe garantiert nicht bezahlt", sagte die Rechtsanwältin, die ehrenamtlich für das Frauenhaus arbeitete, Frauen vor Gericht vertrat und dafür sorgte, dass sie Gerichtshilfe bekamen.

Das Jugendgericht bestimmte, Hakim sollte jedes zweite Wochenende und einen Tag in der Woche mit seinem Vater verbringen. Ein Schnellrestaurant wurde als Treffpunkt vereinbart. Die Übergabe des Kindes erfolgte, ohne dass ein Wort zwischen den Eltern gefallen wäre. Es gab nur böse Blicke. Eine Mitarbeiterin des Frauenhauses, meist war es Anna, begleitete Mutter und Sohn. Sahar saß die ganze Zeit über auf glühenden Kohlen, bis sie Hakim wieder bei sich hatte.

Nach einigen Wochen geschah es, dass der Junge, wenn er zurückkam, weinte und sagte, er wolle zurück zu Papa. Er nörgelte an allem herum, beschwerte sich über die anderen Kinder im Frauenhaus. Wenn er seinen Willen nicht bekam, versuchte er, sich gewaltsam durchzusetzen. Sahar erkannte mit Schrecken, dass das Verhalten ihres Sohnes zunehmend dem des Vaters ähnelte. Aus dem Kindergarten kamen Beschwerden, Hakim ließ es an Respekt gegenüber den anderen Kindern und sogar den Erzieherinnen mangeln. Er schlug auch dort Kinder und als Sahar ihn maßregeln wollte, nannte er sie eine Hure.

Sahar hatte das Gefühl, an allen Fronten zu kämpfen. Ihr Kind machte ihr Kummer, das Verhältnis zu Mustafa entwickelte sich mit jedem Brief seines Anwaltes zu einem immer größeren Albtraum und innerhalb des Frauenhauses gab es Spannungen mit den Mitbewohnerinnen, weil Hakim die Kinder drangsalierte.

Der einzige Ort, an dem Sahar etwas Ruhe fand, war das Bistro. Dort war vor allem auch Stefan. Die beiden waren immer öfter zu den gleichen Schichten eingeteilt. Handelte es sich dabei um einen Zufall? Sahar hoffte und befürchtete gleichzeitig, dass das häufige Zusammentreffen von Stefan beabsichtigt sein könnte. Manche seiner Blicke und Gesten konnte Sahar nicht richtig deuten. Erwiderte er ihre Gefühle?

Ihre Freundschaft zu Anna begann sich abzukühlen. Zuerst versuchte Sahar sich einzureden, es käme daher, dass Anna ihr offiziell als Mitarbeiterin des Frauenhauses zur Seite gestellt war und somit eine professionelle Rolle übernommen hatte. Bald jedoch vermutete sie, dass die Kühle, die sich zwischen ihnen ausbreitete, daher kam, dass Anna über Sahars Gefühle zu Stefan Bescheid wusste, oder zumindest etwas ahnte.

***

Eines Tages tauchte Mustafas Mutter im „Zorba" auf. Sahar war völlig perplex. Das Verhältnis zur Familie ihres Mannes und zu seiner Mutter im Besonderen, war immer recht gut gewesen. Die gepflegte ältere Dame fiel sofort auf, als sie das Bistro betrat. Mittlerweile herrschten in ganz Europa strenge Kontakt- und Hygienevorschriften, damit die Menschen sich nicht gegenseitig mit dem neuen, unbekannten und als äußerst gefährlich eingestuften Virus, der gerade überall auf der Welt grassierte, ansteckten. Im „Zorba" war die Hälfte der Tische entfernt worden, um die Abstandsvorschriften einhalten zu können. Insgesamt kamen nur sehr wenig Gäste. Die Menschen hatten Angst. Mustafas Mutter schaute sich selbstbewusst um und entschied sich für einen Fensterplatz in der Nische gleich hinter der Tür.

„Hallo Sahar, ich hätte gerne Kaffee." Sie wirkte ruhig und unaufgeregt, im Gegensatz zu ihrer Schwiegertochter.

„Du, hier?" Es fiel Sahar schwer, so plötzlich in ihre Muttersprache zu wechseln. Im Frauenhaus sprach sie mit allen Erwachsenen Deutsch. „Wie hast du es geschafft nach Deutschland zu kommen? Wie kommst du an ein Visum?"

Mustafas Mutter winkte ab. „Es gibt Mittel und Wege, du weißt doch, Papa hat Beziehungen. Auch wenn die euch nicht helfen konnten, dafür, dass eine Oma ihren Enkel sehen kann, haben sie gereicht."

Die alte Dame zog sich ihre mit Silberfäden durchzogene Kaschmirjacke enger um die Schulter. „Aber, da komme ich zu euch in euer neues Zuhause und stelle fest, weder meine Schwiegertochter noch mein Enkel sind da." Es klang nicht so sehr nach Vorwurf, mehr wie eine Feststellung. Sie zeigte auf den leeren Stuhl neben sich. „Komm, Sahar, setz dich eine Weile zu mir, so viel gibt es ja im Moment hier nicht zu tun."

Dann hörte Mustafas Mutter zu. Sahar erzählte ihre Geschichte von dem Augenblick an, in dem sie aus Damaskus geflohen waren. Soweit es der Anstand erlaubte und sie glaubte, es der Schwiegermutter zumuten zu können, blieb sie bei der Wahrheit. Die alte Dame urteilte nicht, stellte ab und an eine Frage und zeigte mehr Verständnis für das Dilemma der jungen Frau als Sahar von ihrer eigenen Familie je erhoffen konnte.

„Auch ich litt in meinem Leben darunter, nach dem Willen meines Mannes und ohne Freiheit leben zu müssen. Ich weiß, was bittere Stunden sind. Hätte ich die gleichen Möglichkeiten wie du gehabt, hätte ich vielleicht genauso gehandelt." Sahar ließ es zu, dass ihre Schwiegermutter ihr die Hand tätschelte.

Als das Gespräch beendet war, stand fest, trotz der Trennung könnte die Großmutter während ihres vierwöchigen Aufenthaltes bei ihrem Sohn in Deutschland ihren Enkel sehen. Hakim hatte schon immer an seiner Oma gehangen und Sahar sah keinen Grund und auch keine Möglichkeit, diese Verbindung nun, da die Großmutter schon einmal hier war, zu behindern.

Vielleicht würde sich sogar das Verhältnis zu Mustafa stabilisieren, wenn seine Mutter ihm gut zuredete, die Trennung zu akzeptieren.

„Ich hole Hakim vom Kindergarten ab, und zwar alleine, ohne Mustafa", versicherte sie. „Wir gehen ein Eis essen oder auf den Spielplatz. Anschließend, wenn du Feierabend hast, bringe ich ihn hier zu dir."

Die Familie ihres Mannes und sogar Mustafa selbst hatten sich in Syrien oft über die „modernen" Ansichten der Mutter mokiert und sie als skandalös bezeichnet. Sahar beneidete sie wegen ihres Mutes, ihre Ansichten frei zu äußern. Sie schätzte sich glücklich eine solche Schwiegermutter zu haben, die sich nun sogar als eine Verbündete entpuppte.

Selbst wenn sie noch leise Zweifel gehabt hätte, musste sich Sahar eingestehen, dass es äußerst schwierig wäre, Hakim die Ausflüge mit seiner Großmutter zu verbieten. Es wäre ein weiterer Grund für den Kleinen, sich gegen die Mutter aufzulehnen. Außerdem gab das von ihrer Schwiegermutter vorgeschlagene Arrangement Sahar die Möglichkeit, einige der Minusstunden im Bistro abzuarbeiten, die in der letzten Zeit angefallen waren.

Sahar begann, sich nach kleinen Wohnungen für sich und Hakim umzuschauen, in Zeiten der Wohnungsknappheit ein schwieriges Unterfangen. Fast bedauerte sie, als der Zeitpunkt näherückte, an dem ihre Schwiegermutter wieder zurück in ihre Heimat, fliegen müsste. Für den kleinen Hakim würde die Zeit nach der Abreise sehr schwer werden. Sahar beschloss, dann einige Tage Urlaub zu nehmen und plante Ausflüge, die sie mit ihrem Sohn gemeinsam machen wollte.

***

An der Ecke zur Kaiserstraße, Sahar war auf dem Weg zur Arbeit, warteten sie. Plötzlich verstellten Mustafa und noch ein anderer Mann ihr den Weg. Mustafa hatte sich länger nicht rasiert und sah übermüdet aus. Sein Gesicht war aufgedunsen. Er roch schlecht. Der andere Mann flößte Sahar Furcht ein. Ein wenig kleiner als Mustafa, hatte er eine bullige Statur, mit der er sich zunächst schützend vor Mustafa stellte und sich dann drohend an Sahar wandte.

„Du denkst, du kannst deinem Mann seinen Sohn wegnehmen?" Der Kerl lachte böse. Sahar registrierte seine schlechten Schneidezähne. Sie war verwirrt, konnte die Situation nicht einordnen. Wieso redete dieser Mann mit ihr, und zwar in akzentfreiem Arabisch, während Mustafa sich in die Hausecke drückte?

Der Unbekannte machte einen weiteren Schritt auf Sahar zu. Instinktive hob sie zum Schutz ihre Hand vors Gesicht. Der Mann lächelte böse. Auf einmal stand auch Mustafa neben ihr. Sahar roch seinen schlechten Atem.

„Keine Sorge, ich rühr' dich nicht an. Die Zeiten sind vorbei. Jetzt wirst du mich richtig kennenlernen."

Der andere gab Mustafa mit den Augen ein Zeichen, worauf der von seiner Frau ein Stück abrückte. Es sah beinahe so aus, als würden sich die beiden Männer zurückziehen.

Sahar fühlte sich nicht mehr unmittelbar von einem körperlichen Angriff bedroht. Den Schreck in ihren Gliedern würde sie erst später richtig merken. Einstweilen fasste sie den Mut anzuwenden, wozu die Mitarbeiterinnen im Frauenhause während der Gespräche und in den gemeinsamen Sitzungen rieten. „Wenn ihr klar gemacht habt, dass sich in Zukunft die Situation ändern wird und ihr euch vor allem selbst sicher seid, nicht mehr nach Hause zurückzugehen und in die alten Muster zu verfallen, dann könnt ihr versuchen, im Gespräch zu einer Einigung zu kommen." Den weiteren eindringlichen Ratschlag, dies unter allen Umständen nur in einer sicheren Umgebung und mit Unterstützung bzw. einem Beistand zu tun, befolgte Sahar nicht. Sie spürte, wie Wut in ihr wuchs. Das gab ihr Courage. Jetzt war sie es, die einen Schritt in Richtung Mustafa machte. Der andere Mann hatte sich bereits umgedreht und war einige Schritte vorausgegangen. Er schien zu erwarten, dass Mustafa ihm direkt folgen würde.

„Mustafa, ich verstehe dich nicht", begann Sahar. „Wie du mich behandelst ist falsch und gemein!"

Mustafas Begleiter kam wieder näher, doch Sahar fuhr fort: „Wir sind jetzt in Europa. Das Recht ist auf meiner Seite. Lass' mich in Frieden. Dann finden wir eine Lösung, wie du Hakim trotzdem noch sehen kannst."

Mustafa trat ganz dicht vor Sahar. Sie roch Alkohol.

„Mustafa, ich habe keine Anzeige bei der Polizei gemacht," sagte sie schneller als beabsichtigt.

Mustafa schaute seine Frau geringschätzig an, dann lachte er leise, in seinen Mundecken bildeten sich Luftbläschen: „Anzeigen? Mein Schatz, was willst du denn anzeigen? Es ist doch gar nichts passiert! Was hast du den Weibern, bei denen du untergekrochen bist, denn erzählt?"

Dies war ein Verhalten, dass Sahar noch nicht an ihrem Mann erlebt hatte. Wenn er sie sonst schikanierte oder auch gewalttätig wurde, dann geschah dies, wenn er wütend war und die Beherrschung verlor. Die Kälte, die er jetzt an den Tag legte, ließ Sahar bis ins Innerste frieren.

Mittlerweile standen Mustafa und sein Begleiter nebeneinander vor Sahar, sie merkte plötzlich, dass, obwohl die Straße recht belebt war, es für sie schwiwrig wäre, auf sich aufmerksam zu machen oder zu entkommen.

Mustafa fuhr fort: „Meine Liebe, du hast keine Ahnung, wer ich bin. Du denkst, wir sind hier arme Flüchtlinge, schutz- und rechtlos in diesem Land gelandet? Das trifft vielleicht auf dich zu. Ich dagegen, und das sage ich dir jetzt in aller Deutlichkeit, habe keine Probleme mit unserer legitimen Regierung daheim in Syrien. Ich wurde geschickt, um zu helfen, die Lügen aufzudecken, die unsere Landsleute hier erzählen, um unser Land schlecht zu machen und nur damit sie Asyl bekommen."

Der Begleiter grinste schief und Sahar merkte, als er sie so direkt ansah, dass eins seiner Augen blind war und irgendwie schief auf der Wange hing. Nur langsam erwachte Sahar aus ihrer Erstarrung. Irgendwie hoffte sie, die letzten Sätze falsch verstanden zu haben. In ihrem Kopf schwirrten Gesprächsfetzen herum, Teile früherer Unterhaltungen und Streitereien mit Mustafa, die auf einmal einen Sinn ergaben. Da waren all die Bereiche in seinem Leben, in die er ihr keinen Einlass gewährte.

„Mustafa, ich verstehe dich nicht. Seit wir unsere Heimat verlassen mussten, schimpfst du über die Regierung und erzählst überall, was sie dir angetan haben!"

„Was ich dir erzählt habe, war zu deinem und zu meinem Schutz. Damit du dich nicht verplapperst, dich ungezwungen in unserem Freundeskreis bewegst."

Sahar verzweifelte. Jetzt ging es nicht mehr nur um sie, sondern um all die Leute aus ihrer alten Heimat, mit denen sie seit ihrer Flucht Kontakt hatten.

„Die Freunde und die Menschen im Flüchtlingslager vertrauten uns. Wenn sie vom Krieg, von ihren schlimmen Erlebnissen mit den Behörden und der Polizei, die sie veranlassten, zu fliehen, sprachen, hast du diese Information an den syrischen Geheimdienst weitergegeben?"

Obwohl ihr zum Schreien zumute war, konnte Sahar nur flüstern.

Mustafa nickte und lächelte süffisant. Zum ersten Mal in ihrem Leben verspürte Sahar ihrerseits das Bedürfnis, ihren Mann körperlich anzugehen.

„Du bist ein gemeiner und niederträchtiger Spitzel!"

Sie zweifelte nicht mehr daran, dass Mustafa die Wahrheit sprach, und erfasste messerscharf, in welcher Situation sie sich befand. Sahar musste handeln, und das schnell. Das Angebot der Mitarbeiterinnen im Frauenhaus, in eine andere Stadt umzusiedeln, annehmen. Sie musste zu ihrem Kind, jetzt gleich und es nicht mehr aus den Augen lassen. Zuerst galt es von Mustafa und seinem Schläger, von dem sie nicht wusste, ob er nun ein Bodyguard oder sein Aufpasser war, loszukommen. Es war heller Tag, trotzdem sah Sahar sich in Gefahr.

Einen Moment, der ihr sehr lange vorkam, standen sich die drei gegenüber, ohne ein Wort zu sprechen. Schließlich fing Mustafa wieder an zu sprechen:

„Wenn du dich mit mir anlegst, hast du den syrischen Staat zum Feind. Meinst du, mich interessiert die deutsche Polizei? Ich bin schneller wieder in der Heimat, als du denken kannst und Hakim nehme ich mit. Du bist eine Hure. Du hast einen losen Lebenswandel, treibst dich in Kneipen rum und bedienst Kerle, machst mit ihnen rum. Sobald du syrischen Boden betrittst, kann ich dafür sorgen, dass du dahin kommst, wo die Scharia gilt. Was dir dann blüht, kannst du dir ausrechnen."

Den Lieferwagen bemerkte sie erst, als er neben ihr anhielt. Die Hecktür öffnete sich, ein Mann sprang heraus. Mustafas Komplize versetzte Sahar einen Stoß, sie verlor das Gleichgewicht und merkte, wie sie in den Lieferwagen gezerrt wurde.

„Hakim siehst du nicht wieder", war das Letzte, das Sahar hörte, bevor die Tür zuschlug.

Noch nie in ihrem Leben, nicht einmal während des Krieges und auf der Flucht nach Europa, hatte Sahar eine solche Angst und Einsamkeit verspürt. Sie war alleine im Laderaum des Lieferwagens. Man hatte sich nicht die Mühe gemacht, sie zu fesseln oder sonst wie zu fixieren. Das Auto fuhr ziemlich schnell und Sahar wurde in den Kurven hin- und hergeworfen. Einer der Männer hatte sie hart geschlagen und sie verlor kurzzeitig das Bewusstsein. Beim Erwachen schmeckte sie Blut. Sie zweifelte, ob sie bei dem, was die Männer mit ihr vorhatten, mit dem Leben davonkommen würde.

Das Auto bog von der Straße ab, der Weg wurde holprig. Dann hielten sie an. Sahar wagte kaum zu atmen. Sie wartete auf das, was kommen sollte. Aber, es geschah nichts. Als Sahar eine Weile keine Geräusche hörte, traute sie sich, gegen die Wagentür zu drücken. Sie war verschlossen. Sahar verhielt sich einen Moment noch ganz still, dann trat sie mit aller Kraft, die sie hatte, gegen das Schloss. Es gab nach, Sahar kroch von der Laderampe. Sie stand auf einem Waldweg in einer Ausbuchtung.

Ihr Handy war weg. Entweder hatte sie es verloren, als sie entführt wurde, oder man hatte es ihr absichtlich abgenommen. Zum Glück dauerte es nicht lange, bis Spaziergänger entlang kamen. Ein Blick auf Sahars Erscheinung genügte, um sie davon zu überzeugen, dass der jungen Frau Schlimmes zugestoßen war. Die Fremden ließen Sahar telefonieren.

Wen sollte sie anrufen? Geschockt, verwirrt und verängstigt formten sich ihre Gedanken zu dem klaren Wunsch: „Ich wollte, Stefan wäre hier." Dennoch entschied sie sich dafür, zuerst das Frauenhaus zu informieren. Dort wüssten sie, was zu tun ist, sie kannten sich mit Krisen aus. Und wenn Anna Dienst hatte und am Telefon wäre? Darauf, dass ihre Freundschaft in letzter Zeit gelitten hatte, konnte Sahar jetzt keine Rücksicht nehmen. Selbst wenn Anna wusste, wie es um Sahars Gefühle für Stefan bestellt war, vertraute Sahar ihr weiterhin. Obwohl die Einladungen und Besuche in die Wohngemeinschaft von Stefan und Anna seltener geworden waren, tatsächlich war nichts geschehen, dessen Sahar sich schämen müsste. Als Mitarbeiterin des Frauenhauses hatte Anna Kontakte und könnte helfen. Sahar wählte die Nummer des Frauenhauses. Sie war besetzt. Auch an Annas Privathandy kam sie nicht durch. Den Notruf zu wählen, kam für Sahar nicht in Frage. Geheimdienste hatten ihre Verbindungen überall hin. „Sie müssen die Polizei verständigen", drängte einer der Spaziergänger. „Wenn Sie es nicht tun, werden wir es machen."

Da entschloss sich Sahar doch, Stefan anzurufen. Der antwortete sofort. Sahar erklärte in kurzem Umriss, was geschehen war. Sie war aufgeregt, Stefan musste einige Male nachfragen.

„Hast du den Notarzt angerufen?" Stefan war nun auch außer sich. „Ist die Polizei informiert?"

„Keinen Arzt, keine Polizei. Ich will keine Polizei!"

Stefan widersprach zunächst einmal nicht.

„Ich hole dich ab, sag mir, wo du bist?"

„Irgendwo im Wald, ich sehe den Fernsehturm. Dahinten ist eine Straße. Ich weiß nicht genau."

Allzu weit konnte es nicht sein. Immerhin hatte Sahar ein Netz. Einer der Spaziergänger schaltete sich ein und erklärte den genauen Standort. Sie würden warten, bis Stefan eingetroffen wäre.

***

Er fuhr viel zu schnell, aber das war ihm egal. Es dauerte nicht lange und er war mit Sahar auf der Rückfahrt in die Stadt.

„Du musst zur Polizei und du musst zum Arzt."

„Mir ist nichts, nur blaue Flecken", wehrte sich Sahar. „Das war Mustafa mit noch andere Männer. Keine Polizei!" Es war klar, dass Sahar keinen Widerspruch duldete. „Ich muss zu Hakim! Schnell! Mustafa will Hakim nehmen." Sahar weinte nicht.

Stefan reichte Sahar sein Telefon. „Dann versuche es weiterhin mit Anna und dem Frauenhaus!" Er gab noch mehr Gas.

Ohne Unterlass wählte Sahar abwechselnd die Nummer des Frauenhauses und Annas Handy. Beide waren permanent besetzt. Auch im Kindergarten kam sie nicht durch. Gerade hatte sie aufgelegt und wollte beginnen erneut zu wählen, als ihr, bzw. Stefans Telefon klingelte. Es war Anna.

Sahar fing an zu erklären, was geschehen war. Anna unterbrach sie.

„Hör mir zu!" Ihre Stimme war irgendwie dunkler als sonst.

„Ich versuche, dich die ganze Zeit zu erreichen. Es ist etwas passiert."

Eine kleine Pause entstand. Sahar kam sie vor wie eine Ewigkeit.

„Sahar", sagte Anna und klang wieder so warm und voll Anteilnahme wie zu den Zeiten ihrer unbeschwerten Freundschaft. „Sahar, ich muss dir was sagen. Hakim ist weg."

Mustafas Mutter hatte den Kleinen früher als sonst unter einem Vorwand aus dem Kindergarten mitgenommen, ihn aber nicht ins „Zorba" gebracht. Das war zunächst nicht aufgefallen. Im Kindergarten wurde Hakims Gruppe von einer Praktikantin betreut. Sie kannte die näheren Umstände nicht, wusste nur, dass der Junge öfter von seiner Oma abgeholt wurde. Erst die Kindergartenleiterin schöpfte Verdacht, als sie Hakims Abwesenheit nach geraumer Zeit bemerkte. Sie rief im Frauenhaus an. Da hoffte man, dass Sahar vielleicht mit Sohn und Oma unterwegs wäre. Erst ein Anruf im „Zorba" ergab, dass Sahar nicht zum Dienst erschienen war und sich nicht gemeldet hatte. Hakim und seine Mutter waren verschwunden.

Als sie von der Entführung ihres Sohnes erfuhr, verlor Sahar die Fassung.

„Gib mir Stefan", verlangte Anna. Während er immer noch fuhr, nahm Stefan Sahar das Telefon aus der Hand.

„Wieso will sie keine Polizei?", rief Anna. „Was erzählt Sahar da von Geheimdienst?"

Stefan versuchte zu erklären. Sie verabredeten, sich so schnell es ging im Zorba zu treffen. Das kleine Büro neben dem Schankraum war ein guter Platz, um ungestört reden zu können. Bei Stefan und Anna zuhause in der WG gab es die Mitbewohner und ins Frauenhaus hatten Männer aus Sicherheitsgründen prinzipiell keinen Zutritt.

Stefan versuchte, Sahar ein wenig zu beruhigen: „So einfach kann Mustafa sich nicht nach Syrien absetzen. Kann man da im Moment überhaupt hinfliegen? Und schließlich hast du das Aufenthaltsbestimmungsrecht!"

Sahar schüttelte heftig den Kopf. „Wer dem Geheimdienst angehört, hat kein Problem an falsche Papiere zu kommen."

***

Sie erreichten das „Zorba" vor Anna. Obwohl das Frauenhaus nur wenige Kilometer vom Bistro entfernt lag, konnte es dauern, sich durch die Stadt zu schlängeln. Sie betraten das Büro durch eine Seitentür. Sahar ging es schlecht. Sie war kaum in der Lage, sich auf den Beinen halten.

„Wir müssen Hakim finden, und zwar schnell. Dann muss ich fort. Im Frauenhaus ist es nicht mehr sicher. Nicht für Hakim und mich und, solange ich da bin, auch nicht für die anderen Frauen und Kinder."

„Natürlich kannst du nicht mehr zurück. Anna und ich werden dir helfen. Wenn du dich im Frauenhaus nicht mehr sicher fühlst, zieh zu uns in die Wohngemeinschaft. Da können wir einen Zeitplan aufstellen und rund um die Uhr auf dich aufpassen."

Jetzt war nicht die Zeit, Stefan zu erklären, warum dieser Vorschlag nicht in Frage kam.

Anna meldete sich wieder am Telefon. Es hatte einen Unfall gegeben, die Straßen waren verstopft, der Verkehr stand still. Anna bestand darauf, die Polizei zu informieren. „Es handelt sich schließlich um einen Entführungsfall, da zählt jede Minute."

Stefan erwiderte, „Sahar befürchtet, dass Mustafa eventuell Kontakte zur Polizei hat oder dass er und seine Komplizen zu einer Kurzschlusshandlung verleitet werden, wenn sie sich in Bedrängnis sehen."

Anna widersprach: „So funktioniert das nicht. Ich spreche jetzt mit Polizeihauptmann Ahmed Yilmaz. Er leitet den Bereich, der auch für das Frauenhaus zuständig ist. Ein guter Mann, wir arbeiten oft zusammen. Ahmed weiß, was zu tun ist."

Während Sahar zuhörte, wie ihre ehemals gute Freundin und deren Freund, für den Sahar selbst Gefühle hegte, miteinander über das Schicksal ihres Sohnes sprachen, bemächtigte sich ihrer ein eigenartiges Gefühl. Es war Sahar, als schwebte sie in einer mit Watte gefüllten Luftblase. Was um sie herum geschah, hatte auf merkwürdige Weise nichts mehr mit ihr zu tun.

Sie beobachtete Stefans Lippen, wusste, was sie sagten, war wichtig. Auf einmal lag sie mit ihrem Kopf an seiner Schulter. Er umarmte sie zart und fest zugleich. Sahar wehrte sich nicht.

„Alles wird gut", sagte Stefan, Sahar hätte ihm gerne geglaubt.

Sie standen eine kleine Weile, bevor sie sich küssten. Sahar sprach als Erste wieder: „Stefan, was machen wir da? Anna wird jeden Augenblick hier sein."

„Sag' mir nur, dass du es auch fühlst", sagte Stefan, rückte ein wenig von Sahar ab, hielt sie aber weiterhin im Arm.

„Wenn das jetzt nur eine spontane Reaktion auf all den Stress, den du durchmachst, war, sag' es mir bitte. Es ist ok, ich verstehe das. Ich helfe dir in jedem Fall."

Sahar schüttelte den Kopf. „Stefan, ich bin mit Anna befreundet! Ich verdanke ihr viel!"

Sahar wunderte sich, wieso Stefan auf einmal lächelte. Er wirkte erleichtert:

„Mit Anna geht das schon okay. Wir wohnen zwar zusammen in einer WG und ja, wir sind auch zusammen, gewissermaßen. Aber, so ein richtiges Paar sind wir nicht."

Zum zweiten Mal an diesem Tag sagte Sahar zu einem Mann: „Ich verstehe dich nicht."

„Na ja, Anna ist anders. Sie liebt nicht nur mich. Sie mag zum Beispiel auch Frauen. Anna braucht keine feste Beziehung."

Sahar sah Stefan an. „Bei dir ist das nicht so?", wollte sie schließlich wissen.

„Bei mir ist das nicht so", antwortete er.

Sie bemerkten das rotierende Blaulicht durch die Fensterscheiben. Stefan und Sahar lösten sich voneinander. Anna stand mit zwei Beamten im Raum. Sie schien weder überrascht noch schockiert, sondern blickte ruhig von ihrem Freund zu Sahar.

„Ich kam nicht durch, wegen des Unfalls. Da haben mich Ahmed und sein Partner im Streifenwagen aufgelesen und mitgenommen."

Zwei Beamte waren mit Anna gekommen. Ahmed Yilmaz, der Ältere von beiden, begann sofort mit der Befragung. Er interessierte sich ganz besonders für Mustafas Behauptung, dem Geheimdienst anzugehören. Er wollte wissen, ob Sahar Kenntnis von möglichen anderen Komplizen hatte. Ob es Waffen in ihrer Wohnung gäbe. Der Lieferwagen, in dem Sahar entführt wurde und den die Täter im Wald abgestellt hatten, war gestohlen. Wie sich herausstellen sollte, fanden sich die Fingerabdrücke zweier ebenfalls aus Syrien stammender, wegen diverser Gewaltdelikte vorbestrafter Männer im Fahrerraum und an den Türen der Ladefläche.

„Sie haben Glück gehabt, dass sie sprichwörtlich mit einem blauen Auge davongekommen sind", sagte Ahmed Yilmaz. „Sie müssen sich damit unbedingt ärztlich versorgen lassen." Er sprach klar und sachlich, während er Sahar mitfühlend ansah.

Sie aber hatte ganz andere Sorgen.

„Mustafa hat meinen Sohn!", unterbrach sie Yilmaz. „Er will nach Syrien, da wo Assads Soldaten sind! Sie müssen ihn stoppen!"

Yilmaz versicherte: „Die Fahndung ist raus. Wenn ihr Mann versucht, in Frankfurt ins Flugzeug zu steigen, werden wir ihn aufhalten."

„Und wenn er es über einen anderen Flughafen versucht? Unter einem anderen Namen? Oder sich erst einmal versteckt?" Sahar zwang sich, nicht hysterisch zu werden.

„Wir tun alles, was in unserer Macht steht, glauben sie mir."

Sein Handy klingelte. Yilmaz sah mitleidig und ein wenig unbeholfen zu Anna.

„Ich muss zurück ins Präsidium", sagte er und verschwand.

***

Anna, Stefan und Sahar waren alleine im Zimmer. Ein Mitarbeiter des Bistros steckte kurz den Kopf zur Tür herein, zog sich aber gleich wieder zurück. Die Stimmung war angespannt. Anna schaute böse. Es war ihr anzumerken, dass es sie große Mühe kostete, ihren Gefühlen nicht freien Lauf zu lassen.

„Auf euch beide und die Probleme, die wir gerade miteinander haben, kommt es jetzt erst einmal überhaupt nicht an. Lasst uns an Hakim denken und was wir tun können, damit sein Vater ihn nicht nach Syrien entführt."

Annas Tonfall war wieder sachlich. Sie dachte nach und weder Stefan noch Sahar trauten sich, sie dabei zu stören.

„Eine vielleicht drohende Kindesentführung durch den leiblichen Vater rechtfertigt keinen polizeilichen Großeinsatz", sagte Anna schließlich. „Den bräuchten wir aber, mit Straßensperren, Kontrollen an allen Flughäfen und Polizeiaufgebot an Bahnhöfen und so weiter und so fort. Dann hätten wir eine Chance, Mustafa aufzuhalten, bevor er das Land verlässt."

Sahar schaute verzweifelt. Noch weigerte sie sich, die Ausweglosigkeit ihrer Situation zu akzeptieren. „Was müsste geschehen, um so einen Großeinsatz zu bekommen?"

Stefan wollte etwas einwerfen, aber Anna drehte sich demonstrativ weg von ihm. Sie wandte sich lediglich an Sahar: „Wenn ein Terroranschlag drohte, wenn damit zu rechnen wäre, dass Mustafa als Gefährder eingestuft wäre …"

„Mustafa IST gefährlich!" Sahar sprach so eindringlich, als müsste sie Anna und Stefan überzeugen, als hätten die beiden die Möglichkeit ihr aus ihrer Not zu helfen. „Er arbeitet für die Regierung Assads. Seine Aufgabe ist es, das Verhältnis zwischen Einheimischen und Flüchtlingen zu stören, um so seinen geflüchteten Landsleuten das Leben schwer zu machen. Was er tut, kostet Menschen das Leben!"

Anna atmete tief ein und hielt die Luft an. „Ich rufe Herrn Yilmaz noch einmal an."

Beim zweiten Versuch kam sie durch. Er hörte sich an, was Anna ihm vortrug. Dann sprach er ein weiteres Mal mit Sahar.

Sie sollten nie erfahren, ob Polizeihautmann Ahmed Yilmaz in Mustafa tatsächlich eine akute Gefahr für die allgemeine Sicherheit sah, oder ob er die von Sahar erhaltenen Informationen und seine Machtbefugnisse nutzte, um eine Kindesentführung zu verhindern. Jedenfalls wurde die Fahndung nach Mustafa intensiviert. Für Sahar begann erneut eine Zeit des Wartens.

Die drei Personen im Nebenzimmer des Bistros „Zorba" hatten eine Weile, sich auf sich und ihr Verhältnis zueinander zu konzentrieren.

„Und was ist das jetzt mit euch beiden?" fragte Anna feindselig.

„Anna, kannst du das nicht in der gegenwärtigen Situation auf sich beruhen lassen?" Stefan stand genau zwischen den Frauen an einen Aktenschrank gelehnt.

Anna schüttelte den Kopf. Trotz all der Verzweiflung und der Angst um ihr Kind traf Sahar der Schmerz und die Enttäuschung, die sie in den Augen ihrer früheren Freundin sah, tief. Sie machte einen vagen Versuch sich zu erklären.

„Ich dachte, ihr wärt nicht richtig zusammen?" Fragend schaute sie von Anna zu Stefan. „Habt ihr nicht eine Beziehung, die …", Sahar suchte nach Worten, „… die offen ist?"

Anna schaute spöttisch zu Stefan und nickte: „Ach so, ich verstehe, daher läuft der Hase mal wieder …"

Sahar begriff gar nichts. Stefan schwieg und schaute zu Boden.

Bevor die peinliche Stille sich weiter ausbreiten konnte, meldete sich Annas Handy erneut. Die Person am anderen Ende sprach laut und aufgeregt. Sahar erkannte Yilmazs Stimme. Was geredet wurde, konnte sie nicht verstehen.

Schließlich sagte Anna: „Wir warten hier auf euch."
Sie sah Anna an:

„Die Polizei hat Mustafa und seine Mutter geschnappt. Hakim geht es gut. Yilmaz und sein Partner sind schon wieder auf dem Weg zu uns. Sie holen dich gleich ab und fahren dich direkt zum

Flughafen. Anna griff nach ihrer Tasche. „Ich komme mit. Stefan bleibt hier", entschied sie, als wäre er gar nicht im Raum. Stefan widersprach nicht.

Sie hatten Mustafa, seine Mutter und den Jungen erwischt, als sie schon durch alle Kontrollen waren und es sich im Flugzeug bequem gemacht hatten. Sahar war ganz benommen. Stefan, ihre Gefühle für ihn und sein merkwürdiges Benehmen gerade waren völlig aus ihren Gedanken verschwunden. Sie wollte nur noch ihren Sohn in Sicherheit wissen und ihn so schnell wie möglich wiedersehen.

Anna fasste auf dem Weg zusammen, was sie von Yilmaz wusste. Der saß mit seinem Partner vorne im Wagen und telefonierte mit der Einsatzleitung.

„Mustafa hat tatsächlich falsche Pässe besorgen können", begann Anna. „Die waren so gut, dass die Fälschung beim Einchecken niemandem auffiel. Beim Abgleich der Passagierlisten der Flüge nach Ankara fiel einer durch die schnell eingeleitete Fahndung alarmierten Beamtin die kleine Reisegruppe in der Businessklasse ins Auge. Hätte Mustafa Economy gebucht, wären Vater, Sohn und Großmutter wahrscheinlich durchgekommen."

Sahar weinte jetzt. Zu einem großen Teil waren es Tränen der Erleichterung und der Dankbarkeit. Sie würde gleich ihren Sohn wieder bei sich haben. Hier im Auto, neben Anna, plagte sie auch ihr Gewissen. In wenigen Sätzen beichtete sie ihre Gefühle für Stefan. Für Anna bestätigten sich lediglich schon seit geraumer Zeit gehegte Verdachtsmomente. Die große Überraschung lag auf Sahars Seite:

„Ich soll auf Frauen stehen? Da hat er dir aber einen Haufen Müll erzählt", klärte Anna sie auf. „Stefan und ich sind seit Langem zusammen, wir haben feste Zukunftspläne. Ab und zu hatte Stefan schon einmal kleine Affären. Er nannte sie immer ‚kurze Zwischenspiele'. Auf Frauen stehe ich auch nicht. Ich hatte mal etwas mit einer Freundin, aber nur kurz. Stefan ist, trotz allem, der Mann, den ich liebe."

„Hat er mir alles anders erzählt", erwiderte Sahar kleinlaut. Ihr Bild von Stefan zerbrach in einem Augenblick wie ein Spiegel, in den man einen Ziegelstein geworfen hat. „Ich dachte ..."

„Bei dir war es schon etwas anderes als sonst."

Anna konnte ihre Erregung nicht verbergen.

„Ich wollte nie ...", setzte Sahar wieder an.

„Ob es von deiner Seite mit Absicht geschehen war oder nicht, spielt keine Rolle. Du hast Stefan völlig den Kopf verdreht. Er sieht in dir den Inbegriff des Exotischen und Geheimnisvollen. Weil du anscheinend unerreichbar warst, hast du seine primitivsten Jagdinstinkte geweckt."

Während der Streifenwagen sich durch die Straßen in Richtung Flugzeug kämpfte, überstürzten sich in Sahars Gedanken tausend Fragen, auf die sie nun keine Antwort mehr erhalten sollte. Sie war der Überzeugung gewesen, dass Stefan ein Ehrenmann wäre, der seine Beziehung zu Anna ehrlich lebte. Sie hatte geglaubt, es wäre ein unglücklicher Zufall, dass sie sich ausgerechnet in einen Mann verliebt hatte, der vergeben und ebenso unglücklich war, weil er Gefühle für eine andere Frau entwickelt hatte. Nun entpuppte sich Stefan als ein Mann, der unehrlich war und versuchte, seine Seitensprünge mit Lügen zu rechtfertigen.

Stefans Verhalten enttäuschte Sahar. Zugleich erstaunte sie Annes Reaktion. Sahar hatte in den letzten Wochen und Monaten erlebt, wie stark Anna war. Sie setzte sich mit Vehemenz für ihre Klientinnen im Frauenhaus ein. Wenn es sein musste, legte sie sich mit deren gewalttätigen Ehemännern und Lebenspartnern an. Es hatte durchaus gefährliche Situationen gegeben, Anna wusste diese zu meistern. Sahar verstand nicht, warum diese selbstbewusste Frau so sehr an Stefan festhielt, einem Mann, dem man offensichtlich nicht trauen konnte, der sie belogen und betrogen hatte. Ihre Gefühle für Stefan waren wie weggeblasen. Sahar empfand nur noch Scham.

Die Sprechanlage im Auto ging wieder an. Diesmal sprach der Partner von Yilmaz. Sahar bemühte sich, zuzuhören, konnte aber nicht viel verstehen. Das Gespräch verlief laut und hektisch. Sahar bekam es mit der Angst zu tun.

„Was sagt er, was ist los", wandte sie sich an Anne und hoffte, dass ihrer beider Verhältnis noch stark genug war, damit sie der früheren Freundin in dieser schweren Situation weiterhin vertrauen konnte.

Anna indes war in diesem Augenblick mit sich selbst beschäftigt. Sie sah Sahar fest in die Augen. „Ich will mit Stefan mein Leben verbringen. Daran ändert auch die lächerliche Affäre, oder was immer ihr gerade habt, nichts. Wenn Stefan dir etwas anderes erzählt, redet er Unsinn. Wenn du weg bist, kommt alles wieder in Ordnung zwischen uns."

Sie griff nach Sahars Arm, es war keine freundliche Berührung.

„Du wirst mit deinem Sohn in eine andere Stadt ziehen. Du kannst das unter einem anderen Namen mit Wissen der Polizei und mithilfe der Frauenhausorganisation tun. Mustafa wird höchstwahrscheinlich abgeschoben, aber das will er ja. In Syrien hat er nichts zu befürchten. Du wirst dich vorsehen müssen. Keiner deiner Freunde hier darf wissen, wo du wohnst."

Es entstand eine kleine Pause. Anna fuhr fort: „Das schließt Stefan mit ein. Du wirst ihm nicht sagen, wohin du gehst und ihr werdet euch nicht wiedersehen."

Anna erwartete keine Antwort von Sahar. Sie ging davon aus, dass ihre Bedingung erfüllt würde. Was Sahar betraf, so formulierten sich ihre Gedanken mit einem Mal glasklar. Weil sie sich von Stefan hatte täuschen lassen und seinen Reden geglaubt hatte, verlor sie nun die loyalste Freundin, die sie je hatte.

Sahar lehnte sich im Sitz zurück. Ihre Anspannung blieb. Die beiden Polizisten sprachen immer noch abwechselnd am Telefon. Der Gesprächston wurde ruhiger. Irgendwann schaltete Ahmed Yilmaz das Blaulicht aus. Sie waren am Flughafen angekommen.

In wenigen Minuten wäre sie wieder bei ihrem Sohn. Sie hatten eine Chance auf ein neues freies Leben. Der Preis dafür war hoch und sie war bereit, ihn zu zahlen. Es wäre ein Leben ohne ihre alten Freunde und ohne Familie. Der Schmerz über diesen drohenden Verlust zerriss Sahar beinahe. Dazu müsste sie von nun an ständig über ihre Schultern schauen, der syrische Geheimdienst war im ganzen Land tätig. Sie konnte lediglich hoffen, dass mit der Zeit ihre Angst vor Mustafa und seinen Komplizen weniger wurde.

***

„Wir sind da, ich bringe Sie jetzt zu ihrem Sohn." Der zweite Streifenpolizist, der sie gefahren hatte, schien ebenfalls nett zu sein. Ahmed Yilmaz verabschiedete sich kurz von Anna, wünschte Sahar alles Gute und ging auf die anderen geparkten Polizeiwagen zu.

Zu dritt betraten sie das Gebäude am Flughafen durch einen Seiteneingang. Dieser Bereich war dem Reisepublikum nicht zugänglich. Auf dem Weg durch einen langen Flur begegneten ihnen Angestellte mit und ohne Uniform. Die meisten Menschen trugen Gesichtsmasken, die Mund und Nase bedeckten. Der Beamte, der den beiden Frauen voranging, klopfte an eine der Türen. Sie betraten einen Raum, der, wegen der vielen Leute, die sich darin befanden, kleiner wirkte als er war. Sie sahen einen älteren Mann hinter einem großen Schreibtisch. Alles an ihm strahlte Autorität aus. Neben ihm stand eine Frau, die sich als Vertreterin des Jugendamtes vorstellte. Sahar hatte nur Augen für ihren Sohn. Er saß mit dem Rücken zu ihr vor dem Schreibtisch auf einem Stuhl neben Mustafas Mutter. Die beiden hielten sich an der Hand.

Im Flugzeug hatte es eine Szene gegeben. Mustafa weigerte sich, auszusteigen und wurde von zwei Polizistinnen abgeführt, nachdem sie ihn nach Waffen durchsucht hatten. Hakim weinte fürchterlich und krallte sich an seiner Oma fest. Die alte Dame sah nicht ein, wieso sie nicht alleine mit ihrem Enkel fliegen sollte. Erst, als sie merkte, dass Widerstand nichts nutzte, ging sie widerwillig mit den Beamten. Der Kleine klammerte sich den ganzen Weg an sie und man hatte vorerst keinen Grund gesehen, Großmutter und Enkel zu trennen.

Als Hakim seine Mutter sah, sprang er vom Stuhl auf und lief auf sie zu. „Seht ihr", rief er trotzig dem großen Mann hinter dem Schreibtisch und der Frau vom Jugendamt zu, „Oma und Papa haben mir versprochen, dass Mama mit nach Hause fliegt. Und jetzt ist sie da."

Sahar drückte ihr Kind fest an sich. „Wann kommt Papa?", fragte der Kleine.

Man hat sie nicht gerufen

Man hat sie nicht gerufen
Und doch sind sie gekommen.
In dieser Welt, die weder sie noch wir erschufen,
ward ihnen Heim und Recht und Sicherheit genommen.

Oft sind's nicht Gier und Bosheit,
die Herz und Grenzen schließen.
's braucht Fantasie, die zeigt, das Leid der andren ist nicht weit,
vielleicht schon bald müssen die andern uns bei sich begrüßen.

Sibylle Wabenreich geht zu den anonymen Begehrern

Sie hatte überhaupt keine Lust zu dem Treffen zu gehen. Draußen regnete es. Schon seit Wochen kletterte das Thermometer nicht über die 20 Grad Marke, und das im Juli! Es war der Vorschlag des Paartherapeuten gewesen, und ihr Mann hatte den Gedanken freudig begrüßt. Auch die Familie fand das mit den anonymen Begehrern eine gute Idee. Vielleicht gelang es ihnen, der bis dato so treu sorgenden Mutter und Ehefrau klarzumachen, dass sie ihr plötzlich geäußertes Verlangen nach Freiheit und Unabhängigkeit zugunsten ihrer ehelichen und familiären Verpflichtungen zurückzustellen habe.

Wie war das doch gleich mit der Frauenbewegung? Sie erinnerte sich an Geschichten ihrer Mutter, die sich mit ihren Freundinnen in der Jugend für Frauenrechte eingesetzt und ihre BHs öffentlich verbrannt hatte. Sibylle Wabenreich hatte diese Aktion stets als übertrieben belächelt. Jetzt war sie sich da nicht mehr sicher. Anfang des 21. Jahrhunderts musste sie plötzlich darum kämpfen, selbst bestimmen zu dürfen, ob sie ein Sabbatjahr einlegte und alleine eine Weltreise unternahm, um fremde Länder und sich selbst kennenzulernen? Die Kinder waren erwachsen und aus dem Haus. Ihr Mann teilte die Sehnsucht seiner Frau nach Freiheit und Abenteuer nicht. „Außerdem bin ich ja beruflich gebunden, ich kann mir eine solche Auszeit nicht leisten, selbst wenn ich es wollte." Was er vor allem nicht wollte, war, auf die Annehmlichkeiten des Ehelebens verzichten. Damit er sein Essen regelmäßig auf den Tisch bekam und die Wohnung stets aufgeräumt und sauber war, sollte sie auf ihren Lebenstraum verzichten? In häuslichen Gesprächen und später dann auch in den Sitzungen mit einem zu Hilfe gerufenen Paartherapeuten wurden

Kompromisse ausgearbeitet und vorgeschlagen. Sie könne doch für eine kürzere Zeit in Urlaub fahren, wenn es sein musste auch mehrmals im Jahr. Bei der Auswahl der Destinationen würde Geld keine Rolle spielen. Mit einer Freundin solle sie reisen, alleine sei es zu gefährlich, und die ständige Angst um ihre Sicherheit sei der Familie nicht zuzumuten.

Kompromisse hatte sie in ihrem Leben genügend gemacht. Genaugenommen war ihr ganzes Leben ein einziger Kompromiss. Und dieses Mal, dieses eine Jahr nur für und mit sich alleine, darauf wollte sie nicht verzichten. Dennoch willigte sie ein, den anonymen Begehrern einen Besuch abzustatten und zu einer ihrer Sitzungen zu gehen. Ziel dieses Vereins war es, Menschen dazu zu befähigen, die Ursachen ihrer Begierden zu erkennen und potenziell daraus entstehende Schäden für sich und die Umwelt abzuwenden. „Okay, ich höre mir an, was sie zu sagen haben. Anschließend treffe ich dann meine Entscheidung und die ist endgültig!", verkündete sie und scherte sich in diesem Moment nicht darum, ob sie ihren Mann verärgerte oder verängstigte und welche Konsequenzen ihr Entschluss für das weitere eheliche Zusammenleben haben würde.

Sie ging zu Fuß, es waren lediglich ein paar hundert Meter bis zu dem grauen Gebäude, in dem sich die anonymen Begehrer einmal pro Woche trafen. An der Tür hing kein Schild. Dafür stand gleich am Eingang eine freundlich dreinblickende Frau, die Besuchern und Besucherinnen, die zum ersten Mal kamen und sich leicht verschämt suchend umschauten, diskret den Weg wies. „Sie möchten zu den Anonymen Begehrern? Es ist gleich die erste Tür links, herzlich Willkommen!" Die Dame war schwer zu verstehen, denn sie trug eine Maske vor dem Gesicht, um sich vor grausamen Viren zu schützen.

In dem Raum standen sieben Stühle in einem Abstand von eineinhalb Metern in einem Kreis. Außer Frau Wabenreich waren bereits fünf Teilnehmer anwesend. Auch sie trugen Masken, die Mund und Nase bedeckten und die sie erst abnahmen, nachdem sie Platz genommen hatten. Es überraschte Frau Wabenreich, dass, mit ihr eingerechnet, das Verhältnis von Männern und Frauen ausgewogen war. Sie hatte mit mehr Frauen gerechnet, denn in ihrer Erfahrung wurde Männern eher verziehen, wenn sie sich im Leben dafür einsetzten, die Dinge zu bekommen, die sie begehrten.

Gespräche zwischen den Teilnehmern fanden zunächst keine statt. Die meisten saßen ruhig da und blickten in die Mitte des Kreises oder auf die Flipchart am Fenster, auf der zu lesen stand: „Verabschiede dich von deinem Begehren, dann findest du Ruhe!"

„So'n Quatsch", kommentierte ein junger Mann diese Aufforderung dann doch. Sein rechtes Bein schien von einem nervösen Wippen befallen zu sein, das ab und an in unkontrollierte Zuckungen ausuferte. Er war sehr mitteilungsbedürftig und unternahm gerade einen dritten Versuch, mit seinem Sitznachbarn ins Gespräch zu kommen. „Wenn mein Begehren berechtigt ist, muss es erfüllt werden, dann beruhige ich mich wieder!"

Insgesamt wirkte der junge Mann schmuddelig und wenig vertrauenserweckend. Dennoch sah sich der so direkt Angesprochene, ein gut durchtrainierter Mittdreißiger, gemüßigt, zu antworten. Mit einer Mine, die klar zum Ausdruck brachte, dass er die nun folgende Konversation eigentlich nicht führen wollte, sprach er: „Gier ist immer das Ergebnis einer inneren Leere, sagte schon Erich Fromm."

„Komm' mir nicht mit so'm blöden Gelabere. Deinen hochtrabenden Scheiß von irgendeinem Frommen kannst du für dich behalten." Der Junge war ganz plötzlich wütend geworden, seine bleiche Gesichtsfarbe änderte sich und die vielen über Stirn, Wangen und Nase verstreuten Pickel erinnerten an aktive Eiterkrater.

Neben dem von Akne geplagten Mann saß eine ebenfalls noch junge Frau. Sie war stark geschminkt und trug gewagte Kleidung. Sie murmelte etwas von „unerträglichem Gegeifere" und rückte mit ihrem Stuhl in Richtung einer anderen, ein wenig älteren Dame, die der Nachbarin bereitwillig Platz machte. Der sechste im Bunde, ein mittelalterlicher Mann mit wenig Haaren und in Cordhosen, sah dem ganzen unbeteiligt zu. Er hatte einen besorgten Gesichtsausdruck, den er stets beibehielt und der ein situationsunabhängiger Ausdruck seiner inneren Einstellung zur Welt oder doch zumindest zu der Thematik der Gesprächsrunde war.

Die freundliche Dame, die das Empfangskomitee gegeben hatte, war auch die Leiterin des Seminars. Als sie die lauter werdende Auseinandersetzung zwischen zwei der männlichen Teilnehmer gewahr wurde, kam sie schnell in den Raum und nahm ihren noch freien Platz neben der Flipchart ein. Ohne zunächst einzugreifen, blickte sie stumm und ernst in die Runde. Sie war es gewohnt, dass ihrer Autorität, auch wenn sie still geäußert wurde, Respekt gezeugt wurde.

Der Junge wollte gerade wieder ansetzen und holte tief Luft. Bevor er zu Wort kam, blätterte die Leiterin die Flipchart um und zeigte auf die nun offengelegte Seite mit der Überschrift „Gesprächsregeln". „Bevor wir heute beginnen", sagte sie bestimmt, „erinnern wir uns noch einmal daran, wie wir unseren Umgang untereinander gestalten wollen. Herr Junghans", packte sie den Stier bei den Hörnern, „sagen sie doch ein paar Worte zu dem sicheren Rahmen, den die gesamte Gruppe sich für alle hier im Raum stattfindenden Gespräche gegeben hat."

Bevor Junghans sich zu einer Antwort sammeln konnte, ergriff der mittelalterliche Mann, der, da trügte sein Aussehen nicht, von Beruf Beamter war, überraschend das Wort: „Begier macht blind und Wünsche trügen, wie Karl Wilhelm Ramler seinerzeit ganz richtig sagte." Der muskelbepackte Teilnehmer fand das lustig: „Na, mit dem Namen, da muss er es ja wissen!" „Jetzt entschuldigen Sie aber mal", kam die entrüstete Antwort, „Karl Wilhelm Ramler war schließlich ein renommierter Philosoph und Dichter der Aufklärung, der gerade zu dem Thema Begehren …"

„In unseren Gesprächsrunden wollen wir die kostbare und begrenzte Zeit, die wir haben, dazu nutzen, über unsere eigenen Gefühle und Gedanken zu sprechen", setzte sich nun die Gesprächsleiterin durch. „Es wäre schön, wenn die anwesenden Damen ebenfalls zu Wort kämen. Lassen Sie mich erst einmal unseren Neuzugang begrüßen. Herzlich willkommen Frau Wabenreich. Es freut uns sehr, dass Sie den Weg zu uns gefunden haben und ich hoffe, dass die Gespräche, die Sie in den nächsten Wochen und Monaten hier führen können, Ihnen bei der Suche nach einer passenden Lebensgestaltung behilflich sein werden."

Dann richtete die Gesprächsleiterin ihre Aufmerksamkeit gleich wieder auf Junghans. Sie schaute nicht mehr freundlich, als wolle sie ihn daran erinnern, dass er nicht freiwillig Mitglied dieser Gruppe war. Ein Richter hatte ihm die Wahl gelassen, entweder seine Gefängnisstrafe anzutreten, oder, mit der Aussicht auf Bewährung, einen Kurs der anonymen Begehrer bis zum Schluss und erfolgreich zu absolvieren. Der Richter hatte gehofft, dass dem noch jungen Delinquenten durch die Arbeit mit den Anonymen Begehrern die Einsicht vermittelt werden könnte, ein Mann habe nicht schon alleine deshalb Anspruch darauf, mit einer Frau zusammen zu sein, weil er sie begehrte. Junghans wurde in der Verhandlung nachgewiesen, dass er verschiedene Angriffe auf junge Frauen zu verantworten hatte. Glücklicherweise war keiner dieser Vorfälle in eine schwere körperliche Verletzung ausgeartet. Einsicht suchte man bei Herrn Junghans vergebens. Auf die Frage „Sehen Sie denn nicht, wie bedrohlich und verängstigend ihr Verhalten auf die Betroffenen wirken musste?", antwortete Herr Junghans, die Frauen, denen er sich genähert hatte, seien doch nachweislich auch ansonsten nicht zimperlich, wenn es darum ginge, die Annäherungsversuche von Männern zu dulden. Er sähe gar nicht ein, wieso sie bei ihm ein solches Theater machten und plötzlich laut ‚Stalking' und ‚Überfall' schrien.

Diese Hintergründe waren den anderen Teilnehmern und Teilnehmerinnen freilich nicht bekannt. Sie erlebten ihren Mitstreiter im Kampf gegen ungebührliches oder übertriebenes Begehren lediglich als einen schwierigen Zeitgenossen, dessen ungepflegtes Äußeres sowie sein überhebliches und teilweise sogar aggressives Verhalten ihn nicht gerade zu einem Sympathieträger machten.

So wandte sich dann auch der gut durchtrainierte Mittdreißiger ostentativ von Junghans ab. Sein Gesichtsausdruck spiegelte deutlich das Unverständnis und die Verachtung wider, die er für die Einstellung und Aussagen seines Gegenübers empfand. Lagen doch bei ihm die Probleme ganz anders. Sein Innerstes lag im Widerstreit zwischen seinem Begehren nach einer schönen Frau und dem Willen, diesem Verlangen nicht nachzugeben. Handelte es sich doch bei der Frau, nach der er sich verzehrte, um die Ehefrau seines Chefs. Der arme Geplagte erhoffte sich nun von dem Besuch der Sitzungen bei den Anonymen Begehrern, dass er von seiner Begierde geheilt oder doch sein Wille gestärkt würde, damit er seinem Verlangen widerstehen könnte.

Die schöne blonde Frau, die zu seiner Rechten im Stuhlkreis saß, lauschte den Ausführungen ihres Nachbarn mit großem Interesse. Im Laufe der Sitzungen wurde immer offensichtlicher, zwischen den beiden entwickelte sich eine Anziehungskraft, die die Chancen des liebesgeplagten Mannes, sich von seinen unerwünschten Begierden gegenüber der Frau seines Chefs zu lösen, beträchtlich erhöhten.

Die attraktive junge Frau besuchte die anonymen Begehrer, weil sie in ihrem Leben häufig von ihren Begierden überrollt und überrumpelt wurde. Sah sie einen gut aussehenden jungen Mann, wollte sie ihn auch schon haben. ‚Wer begehrt, ist jung', hatte sie sich lange Zeit selbst eingeredet und zu trösten versucht. Die tatsächlichen Erfahrungen, die sie machte, liefen jedoch eher darauf hinaus, dass sie, einmal ans Ziel gekommen merkte, das Beisammensein mit dem neuen Geliebten brachte nur kurzfristig Erfüllung und schon bald breitete sich in ihrem Inneren eine beängstigende Leere aus. „Ich suche Liebe und finde immer nur

Begierde", gestand sie in dem verschwiegenen Kreis ihrer Leidensgenossen. „Ich glaube, Liebe und Begehren haben gar nichts miteinander zu tun."

Die zweite Dame in der Runde, eine etwas farblose Erscheinung, die allerdings kluge Augen hatte, wusste da Rat. „Du merkst, wenn du liebst, weil du dann keine Begierde mehr empfindest. Dann folgt dein Herz nicht mehr deinen Trieben, sondern leitet deine Sinne und reinigt sie." Die Gesprächsleiterin empfand tiefes Mitgefühl und ein gutes Maß an Solidarität mit dieser Teilnehmerin. Manchmal fiel es ihr schwer, wenigstens den Anschein zu erwecken, als verteile sie ihre Zuneigung und Aufmerksamkeit gerecht unter allen Gruppenmitgliedern. Sie meinte „Wir Frauen sind prädestiniert, unser Leben fremdbestimmt zu leben. Wir richten uns nach den Interessen anderer und unsere eigenen Bedürfnisse fallen hinten runter. Und dann redet man uns auch noch ein, unsere Wünsche seien unberechtigt und egoistisch. Frauen, die aufbegehren, werden als herzlos abgestempelt."

An dieser Stelle konnte sich nun endlich auch Frau Wabenreich ins Gespräch einschalten. Sie fühlte ihren wunden Punkt berührt. „Handelt es sich nicht dabei um die neuen Ketten des 21. Jahrhunderts?", fragte sie in die Runde? „Sie sind unsichtbar, aber immer noch wirksam, wie die wirklichen Ketten und ungerechten Gesetze vergangener Zeiten." Sie empfand wieder diese Wut gegenüber ihrem Ehemann und dem Psychologen, der ihre Paarberatung durchgeführt und empfohlen hatte, sie solle sich den anonymen Begehrern anschließen, um sich über ihre wahren Bedürfnisse im Klaren zu werden. Während der gesamten Therapie hatte sie ihn im Verdacht, nicht neutral zu sein, sondern aufseiten ihres Mannes zu stehen.

Der Beamte mit schütterem Haar schaltete sich wieder in die Diskussion ein. Er verwies darauf, dass es bei dem Thema „Begehren" nicht nur um die Liebe zwischen Partnern und um Sex ging. „Die Welt hat genug für jedermanns Bedürfnisse, aber nicht für jedermanns Gier", dozierte er.

„Den Spruch kenne ich auch." Sibylle Wabenreich hatte genug und wünschte sich sehnlichst an einen anderen Ort, weg aus diesem Stuhlkreis und diesem Zimmer, in dem die Luft langsam stickig wurde. „Mahatma Ghandi hat das gesagt, es steht in meinem Sprüchekalender für den Monat Juni." Sie schaute auf die große runde Uhr über der Tür. Noch war es Zeit. Sie sah die Dinge so klar wie nie. Es war nicht richtig, sein Dasein den Bedürfnissen anderer Menschen zu opfern. Auf die Dauer hielt sie das nicht aus. Es machte sie unberechenbar und wütend auf die Menschen, die sie eigentlich liebte. Es gab eine Grenze, bis zu der sie den Forderungen der Familie, ihres Mannes und auch der schon erwachsenen Kinder nachgeben sollte. Und sie war diejenige, die diese Grenze zu bestimmen hatte. Jetzt brauchte sie Zeit für sich und es war vernünftig, sich diese zu nehmen. Sie fühlte das Ticket in ihrer Tasche und stand auf. Es fiel ihr nicht schwer, den anderen im Raum zuzulächeln. Sie bedankte sich höflich, verabschiedete sich, setzte ihre Maske auf und ging nach draußen. Auf der Straße rief sie das nächste Taxi herbei. „Bitte fahren Sie mich zum Flughafen."

Limerick

So lange leb' ich schon hier,
und doch ist es nicht mein Revier.

Ich gehe jetzt fort
und such einen Ort

mit Ruhe und ganz viel Pläsier

Simsalabim

Ein alter Mann sitzt auf einem Stuhl und wartet. Wenn man bedenkt, wo er sich befindet, ist es erstaunlich, wie bequem dieser Stuhl ist. Er hat auch einen Tisch vor sich. Darauf steht ein Mineralwasser und eine mitfühlende Seele hat noch einen Milchkaffee dazugestellt. Der ist mittlerweile kalt.

Der Mann stützt sich mit den Ellenbogen auf dem Tisch ab und hat sein Gesicht in den Händen vergraben. Es sieht so aus, als ob er schläft. Aber, das täuscht. In Wirklichkeit denkt der Mann nach. Er wundert sich, wie alles so kommen konnte, wie es geschehen ist und fragt sich, was nun weiter aus ihm werden wird.

Bis vor wenigen Wochen lebte er sein Leben, das ihm heute ganz normal und erstrebenswert erscheint. Er wohnte in seinem Haus, dem Haus, das er mit seiner Frau Luisa gebaut hat. Vor sieben Jahren zahlten sie die letzte Rate auf die Hypothek. Daraufhin hatte es ein schönes Familienfest gegeben. Da war Luisas Demenz noch nicht sehr weit fortgeschritten. Sie beteiligte sich sogar an den Vorbereitungen und konnte die Party genießen. Sie kannte noch die Namen ihrer drei Enkelkinder. Schließlich wohnten sie mit ihren Eltern im Haus von Oma und Opa.

Ob aus Weitsicht oder wegen seines Hangs zu einer gewissen Großspurigkeit, der Mann hatte seinerzeit das Haus so geplant, dass es groß genug für zwei Familien war. Nun, da die Zeiten etwas schlechter geworden waren, freute sich sein Sohn, mit seiner Frau und den drei Kindern im Grünen wohnen zu können, ohne Miete zahlen zu müssen. Den Preis, sich, wenn nötig, um die Alten zu kümmern, zahlte der Sohn gerne, zumal das meiste dieser anfallenden Arbeiten dann von seiner Frau geleistet wurde.

An dieses schöne Fest, als das Haus endlich wirklich ihnen gehörte, denkt der alte Mann nun, während er da sitzt und auf sein Urteil wartet. Er erinnert sich daran, wie sein Sohn das selbst gebraute Bier kredenzte, von dem am nächsten Tag alle, die davon getrunken hatten, fürchterliches Kopfweh bekamen. Aber am Tag selbst war die Stimmung gut, alle Gäste gut gelaunt. Der alte Mann hatte sich von den Enkeln sogar dazu überreden lassen, noch einmal seinen Zauberkasten hervorzuholen und einige seiner Tricks, mit denen er in jungen Jahren auf Partys auftrat, vorzuführen. Die Kinder waren noch klein genug, um sich über die Zauberkunststückchen, die der Opa vorführte, zu freuen, statt sie, wie es einige Jahre später der Fall sein würde, peinlich zu finden. Besteck und Geschirr auf der im Freien aufgestellten Festtafel glänzten in der Sonne. Ein Streit zwischen Luisa und der Schwiegertochter, welches Service man nehmen sollte und welches die geeignete Tischdekoration wäre, wurde erstaunlich schnell beigelegt. Entgegen ihres sonstigen ziemlich eigensinnigen Charakters, gab Luisa der Frau ihres Sohnes nach. Die Familie nahm es mit Erleichterung auf.

Später wurde dem Mann klar, dass dieses Einlenken seiner Frau zu den ersten Anzeichen gehörte, die Luisas sich anschleichende Demenz ankündigten. Noch bevor jemand an eine ernsthafte Krankheit dachte, wunderte sich die Familie über die bemerkenswerten Veränderungen in Luisas Charakter. Aus der zuverlässigen und zuweilen etwas herrischen Frau war eine liebenswürdige, anlehnungsbedürftige alte Dame geworden, deren zunehmende Zerstreutheit nicht weiter ernst genommen wurde, bis eines Tages diese Wortfindungsstörungen auftraten. Ein Arztbesuch brachte Klärung. Luisa litt an Demenz, wahrscheinlich war es Alzheimer.

Und nun war er hier gelandet. Nach einem erfolgreichen Berufsleben, gefolgt von vielen Jahren, in denen er Luisa pflegte, wartete er darauf, wieder in den Gerichtssaal geführt zu werden, um sein Urteil zu hören.

Er saß da eine Ewigkeit, die ihm, als sie zu Ende ging, so kurz wie ein Wimpernschlag erschien. Das Gericht hatte seine Beratung beendet und war wieder zusammengekommen. Der alte Mann durchlebte jetzt, dessen war er sich sicher, die letzten Minuten seines Daseins als, zumindest dem Gesetz nach, unschuldiger Mensch.

Im Zuschauerraum gab es, wie während des gesamten Gerichtsprozesses, keinen freien Platz mehr. Er erkannte Nachbarn, einige wenige Freunde, die noch geblieben waren und natürlich seine Familie. Der Anblick seines Sohnes, der sich für sämtliche Verhandlungstage Urlaub genommen hatte, füllte ihn mit Scham und Stolz gleichermaßen.

Der Richter und die Schöffen betraten den Saal. Der Angeklagte erhob sich mühsam mithilfe seines Anwalts. Er hörte die Anzahl der Jahre, die er ins Gefängnis sollte und vergaß sie sofort wieder. Sie war im Grunde auch nicht wichtig.

***

Nachdem sie über den anfänglichen Schock der Diagnose hinweggekommen waren, versuchten Luisa und er die ihnen verbleibende gemeinsame Zeit, so gut es ging, bewusst zu genießen.

„Dass unser gemeinsames Leben spätestens mit dem Tod von einem von uns endet, wussten wir doch immer", meinte Luisa in ihrer gewohnt pragmatischen Art. „Nun haben wir ein paar Informationen mehr als viele andere Menschen. Das kann auch ein Vorteil sein, je nachdem wie wir uns anstellen."

Ein Familienrat wurde einberufen, Tränen flossen. Danach verlief das Leben eine Weile in gewohnten Bahnen. Luisa und Ernst unternahmen einige seit Langem geplante Reisen. Da geschah es zum ersten Mal, dass Luisa beim Ankleiden Hilfe brauchte.

Anfangs reflektierten Luisa und Ernst Situationen, in denen sich die Krankheit bemerkbar gemacht hatte, sobald der Schub vorbei war und Luisa wieder klar denken konnte. Mit der Zeit verschob sich das Verhältnis von klaren und verwirrten Momenten und über die Aktionen, die Luisa tat und die Dinge, die sie sagte, wenn sie nicht Herrin ihrer Sinne war, wurde nicht mehr gesprochen.

Was Ernst am meisten zu schaffen machte, waren die Veränderungen in Luisas Charakter. Sie war immer äußerst zuverlässig und akkurat gewesen. Ernst hatte diese Eigenschaften an seiner Frau geschätzt, auch wenn er wusste, dass diesen eine gewisse Lebens-Ängstlichkeit zugrunde lag. Als dann im Verlauf der Krankheit die Angstzustände seiner Frau stärker und häufiger wurden, reagierte sie darauf, indem sie ihrer Umwelt gegenüber immer misstrauischer wurde. Ihr sanftes, anschmiegsames Verhalten verschwand wieder und sie verhielt sich zunehmend, auch ihrem Ehemann gegenüber, sehr herrisch. Zu anderen Zeiten schien es, als wäre ihr alles einerlei, als zöge sie sich bereits von den weltlichen Affären, die andere Menschen beschäftigten, zurück. Diese Wechselbäder der Gefühle belasteten Ernst. Nie wusste er, welcher Luisa er gleich begegnen würde, einer sanftmütigen nachgiebigen Frau oder einer Luisa, die Zank und Streit suchte und die er bis dato nicht gekannt hatte.

Luisas Kurzzeitgedächtnis ließ zunehmend nach. Sie lebte mehr und mehr in der Vergangenheit und sprach viel über ihre Jugend und die erste Zeit ihrer Ehe. Als sich in ihr die Eigenschaft zu kritisieren ausprägte, ergaben sich das ein oder andere Mal peinliche Situationen. Manchmal war es auch einfach lustig, wenn Oma bei Familienanlässen den einen oder anderen Schwank aus ihrer Jugend zum Besten gab, wobei die Frage, ob das, was die alte Dame erzählte, der Wahrheit entsprach, zunehmend in den Hintergrund trat.

Einmal erinnerte sich Oma an ihre Hochzeitsreise, die sie aus Sparsamkeitsgründen als Campingurlaub gebucht hatten.

„Das waren halt andere Zeiten", verteidigte sich Ernst.

„Beim Aufbauen des Zeltes merkten wir, dass du nicht das neue Zweipersonenzelt, sondern das Spielzeugtipi deines Neffen eingepackt hattest", eiferte sich Luisa. Ernst behielt seinen Humor:

„Du sahst zu komisch aus. Wie du da auf der Luftmatratze lagst und deine Beine vorne aus dem Zelt rausguckten."

Wenn Ernst in Fahrt war, konnte auch er in Erinnerungen schwelgen.

„Wir sind dann ja umgezogen in ein Hotel – in ein sehr schönes Hotel." Luisa wollte etwas erwidern, aber Ernst kam ihr zuvor: „Ja, ich weiß, wir mussten das Zimmer wechseln, weil das, was uns zuerst angeboten wurde, ein gemeinsames Bad mit den Nachbarn hatte und somit äußerst hellhörig war."

Aus Furcht, Oma könnte näher ausführen, wieso die Hellhörigkeit besonders störend war, versuchte die Enkelin abzulenken. „War das da, Opa, wo du am bunten Abend den ersten Preis für die beste Alleinunterhalter Nummer bekamst?"

Da ergriff Luisa wieder das Wort. „Damals hattest du doch den Spleen mit diesem ollen Zauberkasten." Ernst wollte etwas erwidern, aber seine Frau ließ es nicht zu. „Auf jeder Geburtstagsparty, zu der wir eingeladen waren, hast du uns blamiert."

„Immerhin hat Papa einen Preis gewonnen, so schlecht kann er nicht gewesen sein", verteidigte der Sohn dann doch seinen Vater.

„Ach was, die Zirkustussi, die den Wettbewerb im Hotel veranstaltete, hatte sich in Ernst verguckt und ihm den ersten Preis gegeben, weil sie ihm mit ihren falschen Wimpern schöne Augen machen wollte."

Der Sohn versuchte, zu beschwichtigen: „Papa hat halt den Zirkus gemocht. Jedes Mal, wenn einer in unsere Stadt kam, sind wir hingegangen."

„Opa, hast du den Zauberkasten noch?", wollte die jüngste Enkelin wissen.

„Zu deinem nächsten Geburtstag schenke ich dir einen, wenn du willst, kann ich dir gerne schon jetzt ein paar Tricks zeigen."

Die Kleine quietschte vor Vergnügen. Der alte Mann zog ein Taschentuch und eine glänzende Münze aus seiner Tasche und begann Kunststückchen vorzuführen. Seine Frau beachtete ihn nicht länger. Ihre Konzentrationsfähigkeit zu dem Thema war erschöpft und sie begann, ins Leere zu starren.

***

„Herr Konrad, Sie müssen jetzt mit uns kommen, Sie werden gleich in die JVA überführt." Der Polizist, den Ernst bereits von anderen Gerichtstagen kannte, berührte den alten Mann sanft am Arm, so als wolle er ihn stützen und nicht abführen. „Von Ihrer Familie können Sie sich noch verabschieden."

Die tränenreichen Umarmungen seines Sohnes, der Schwiegertochter und der ältesten Enkelin, die ebenfalls mit zur Urteilsverkündung gekommen war, erlebte er wie durch eine Nebelwand. Auch an den Gang aus dem Gerichtssaal den Korridor hinunter erinnerte er sich später nicht. Erst, als er im Auto einem uniformierten Beamten gegenübersaß und der etwas zu ihm sagte, kam Ernst ein wenig zu sich. Nein, er wollte kein Wasser trinken, er genoss es, seinen Gedanken nachzuhängen. Dies war eine Aktivität, die ihm kein Gericht und kein Urteil verbieten konnten.

Er erinnerte sich noch gut an diesen Streit um den Zauberkasten. Luisa war richtig zornig geworden und es dauerte lange, bis sie sich wieder beruhigte. Ernst lernte, mit diesen neuen Verhaltensweisen seiner Frau zu leben und gab bei Ehestreitigkeiten meistens nach. Mit der Zeit nahm es Luisa als selbstverständlich, dass sie bei Meinungsverschiedenheiten die Oberhand behielt. So geschah es, dass Luisa sich durchsetzte, als Ernst vorschlug, das Haus frühzeitig auf die Kinder zu überschreiben, damit sie später einmal keine Schwierigkeiten mit der Erbschaftssteuer bekommen sollten.

„So groß ist das Haus nicht, da müssen sie nichts zahlen", argumentierte Luisa, das konnte sie damals noch, „was ist, wenn sich unser Sohn scheiden lässt, oder wenn sie uns aus dem Haus haben wollen, sobald es ihnen gehört." Man wusste nie, und schlimme Geschichten gab es im Bekanntenkreis und in der Nachbarschaft genug. Als es Luisa dann schlechter ging, kam der Moment, an dem Ernst es nicht mehr für möglich hielt, darüber zu diskutieren. Er hätte es als unethisch empfunden, das Thema anzusprechen.

Der Punkt, an dem sich Wut und Verzweiflung endgültig im Herzen des Mannes festsetzten, kam an dem Tag, an dem absehbar war, dass Luisas Pflege nicht mehr ausschließlich von Ernst geleistet werden konnte. Anträge auf Pflegestufen waren bereits erfolgreich gestellt worden und Mitarbeiter und Mitarbeiterinnen eines Pflegedienstes kamen regelmäßig ins Haus. Sie richteten die Medikamente und halfen beim Duschen. Es war die psychische Erschöpfung, die Ernst am meisten zusetzte. Manchmal glaubte er, das Geschwätz seiner Frau mit den ewigen Wiederholungsschleifen, den wiederkehrenden Fragen und Kommentaren nicht länger ertragen zu können. In den Phasen, in denen sie verstummte, weil ihr keine Worte mehr einfielen, sehnte er sich nach ihrer Stimme. Ernst begann, sich nach Heimplätzen zu erkundigen.

Die Gesetzeslage war mittlerweile dergestalt, dass das von der Pflegeversicherung bezahlte Geld keinesfalls auch nur annähernd die Heimkosten decken würde. Die Kosten, die die Pflegekasse für Heimbewohner tragen musste, war von vorneherein festgesetzt. Für die Geldsumme, die von den Heimbewohnern und deren Ehepartner zu stemmen war, gab es dagegen nach oben keine Grenze.

Nach einigen schlaflosen Nächten, in denen Ernst sich durch Prospekte von Seniorenheimen mit so vielversprechenden Namen wir „Seniorenresidenz Sonnenschein", „Haus Glück am See" oder „Abendrot", gewälzt hatte, wusste er, wenn Luisa ins Heim ginge, würde bis auf wenige tausend Euro all das, was sie sich in ihrem Leben mühsam erspart hatten, draufgehen. Selbst das Haus war nicht sicher. Solange Ernst lebte, würde er voraussichtlich wohnen bleiben können. Nach seinem Tod jedoch, oder, sollte auch er einmal pflegebedürftig werden, müsste das Haus verkauft werden und sein Sohn mit Familie sich eine andere Bleibe suchen.

Warum nur hatte er Luisas starrem Beharren gegen besseres Wissen nachgegeben, warum hatten sie ihr kleines Vermögen nicht schon lange auf den Sohn umgeschrieben? Hätten sie dies getan, als es damals spruchreif wurde, dann wären die zehn Jahre, die es brauchte, um das Geld vor dem Zugriff des Staates zu schützen, demnächst um.

Ernst war wütend, auf Luisa, auf die ungerechte Welt und auf sich. Seine Stimmung schlug auf den Rest der Familie um. Der Sohn und die Schwiegertochter versuchten, zu helfen. Aber, die Zeiten waren nun einmal so, wollten sie ihren Lebensstandard einigermaßen halten, mussten beide berufstätig sein. Auch wenn sie ihre Wohnung im Elternhaus hatten, sodass sich die Zahlungen im Rahmen hielten, die Teuerungen der vergangenen Jahre hatten, wie überall im Land, zu einem beachtlichen Absinken des realen Einkommens geführt. Alle drei Kinder befanden sich in der Ausbildung. Urlaub gab es schon seit drei Jahren keinen mehr und im vergangenen Herbst hatten sie wohl oder übel den Zweitwagen abgeschafft, als im Haus eine neue teure Heizung eingebaut werden musste und die Familie mit ihrem gesamten Einkommen knapp über der staatlichen Förderungsgrenze lag.

Ernst bekam Herzprobleme. Mit Blaulicht wurde er ins Krankenhaus gefahren, wo er einige Tage bleiben musste. Nicht lange genug, um für Luisa einen Kurzzeitpflegeplatz zu finden. Es reichte jedoch, um die junge Familie, die sich zwischenzeitlich um die Mutter bzw. Schwiegermutter kümmerte, zur Verzweiflung zu bringen. Der Vater wurde entlassen, er war schwach und angeschlagen. So weit es ging, solle er Stress vermeiden, meinte der Arzt.

„So geht es nicht weiter. Versuchen wir es mit einer Betreuung aus Osteuropa, die sind nicht ganz so teuer wie ein Heim", entschied der Sohn.

Der Minibus, von der Agentur organisiert, hielt genau vor dem Haus. Ernst und die Kinder warteten bereits den ganzen Morgen.

Die Ankunft der Betreuerin war für ungefähr zehn Uhr angekündigt. Sie entstieg dem Minibus, winkte den anderen Insassinnen zum Abschied und nahm den Riesenkoffer und die zwei großen gestreiften Plastiktüten in Empfang, die der Fahrer für sie aus dem Stauraum holte. Bevor sich der Mann ebenfalls verabschiedete, sprach er noch ein paar Worte mit der Frau, die sich während der kommenden Monate um Luisa kümmern und auf sie aufpassen sollte. Ernst stellte fest, der Fahrer, selbst kein kleiner Mann, reichte der Frau gerade einmal bis zum Kinn.

Beim Ausfüllen der Formulare, mithilfe derer die Agentur die passende Betreuungsperson aussuchen sollte, war Ernst sehr sorgfältig vorgegangen. Er zog auch die Kinder und sogar die älteste Enkelin zurate. Bei der Auswahl der geeigneten Person erwies sich die Agentur als äußerst hilfreich. Lag es doch ebenso in ihrem Interesse, eine Hilfe zu finden, die in die Familie passte und der bevorstehenden Aufgabe gewachsen war. Nur so ließen sich Reklamationen und ein verfrühter Austausch der Betreuungskraft vermeiden.

Luisa steckte gerade in einer Phase ihrer Krankheit, in der sie sich sehr widerspenstig gebärdete. Sie benahm sich so rebellisch wie ein Teenager und konnte regelrecht aggressiv werden. Da flogen schon einmal Gegenstände durch die Luft und es kam vor, dass Mitarbeiterinnen des Pflegedienstes vor ihrer Patientin in Deckung gingen. Dies geschah, wenn sie sich von einer Situation überfordert fühlte, oder sich, bedingt durch den zunehmenden Verlust ihrer Sprechfähigkeit, nicht mehr mitteilen konnte und sie Angst hatte bevormundet zu werden. Im Familienrat hatte man sich überlegt, ob es angesichts dieser Entwicklungen nicht sogar angebracht wäre, einen männlichen Betreuer zu engagieren, der Luisa bei ihren Anfällen physisch in Schach halten könnte.

So weit wollte Ernst dann doch nicht gehen. Sie kreuzten auf dem Formular bei den gewünschten Eigenschaften der Betreuerin „Durchsetzungsfähigkeit", „Selbstbewusstsein" sowie „Erfahrung im Umgang mit aggressiven Demenzpatienten" an. Ernst bestand noch auf einem Kreuz neben „Einfühlungsvermögen".

Als in der Vermittlungsagentur die endgültige Entscheidung bezüglich der Betreuungskraft fiel, kam dieser letzte Wunsch zu kurz. Ihr Name war Eva. Das Zimmer, von Enkelin und Schwiegertochter liebevoll und mit Bedacht eingerichtet, damit das neue Familienmitglied sich darin wohlfühlen und von der anstrengenden Arbeit ausruhen könnte, quittierte Eva mit einem Stirnrunzeln.

Bei dem Punkt „gewünschte Sprachfertigkeiten" war Ernst aus finanziellen Gründen kompromissbereit gewesen und hatte sich damit begnügt, dass die Betreuungskraft „geringe Deutschkenntnisse" zu bieten hätte. „Bin gerne bereit, einen Sprachkurs zu finanzieren", schrieb er an den Rand des Formulars. Mit ein wenig gutem Willen und mithilfe von Google Übersetzungen würden sie schon klarkommen, dachte er sich, und die Verständigung mit Luisa lief zunehmend ohnehin auf nonverbaler Ebene ab.

Eva war tüchtig, da ließ sich nichts sagen. Den Arbeitsplan, den Ernst, den Vorgaben der Agentur folgend, aufstellte, übersetzte Eva im Nu ins Polnische und befolgte ihn gewissenhaft. Luisa bekam pünktlich ihr Essen, war immer sauber und ordentlich gekleidet und machte mit Eva gemeinsam, wenn auch nicht ganz freiwillig, mindestens einen Spaziergang pro Tag, sofern es nicht fürchterlich regnete.

Eva kaufte auch ein. Sie erweckten das alte Fahrrad der Schwiegertochter zu neuem Leben, statteten es mit neuen Satteltaschen und einer funktionierenden Klingel aus. Bei der Übergabe des Fahrrads zeigte Eva der Familie zum ersten Mal ein Lächeln. Im Ort wurde sie bald zu einer bekannten Erscheinung. Die große Frau, die auf dem etwas niedrigen Fahrrad erst recht riesig wirkte, trug stets eine bunte Kappe und überhaupt farbenfrohe Kleidung. Beim Radfahren setzte sie eine schicke, für Kenner ersichtlich teure Sonnenbrille auf. Ihre Freizeit, von der sie genügend hatte, darauf achtete Ernst, verbrachte sie gerne am Ufer des nahe am Dorf gelegenen Sees.

Hier war es denn auch, dass das Thema „Alkohol" zum ersten Mal zur Sprache kam. Ein Nachbar, mit dem Ernst sich gut verstand und der eine Angellizenz für den See besaß, hatte Eva des Öfteren beobachtet, wie sie sich mit einem Sixpack Bier und auch noch stärkeren Getränken im Gras niederließ, um dann einige Stunden später etwas unsicher mit dem Fahrrad davonzufahren.

„Gemerkt habe ich noch nichts", verteidigte Ernst seine Betreuung und damit auch ein wenig sich selbst und seine Situation. „Ich meine, solange sie ihre Arbeit tut, kann sie doch in ihrer Freizeit machen, was sie will."

Der Freund war sich da nicht so sicher, wollte aber nicht auf den Problemen, die Ernst ohnehin hatte, herumhacken. Bei ihren Diskussionen über den Gartenzaun, oder im Sommer auch schon einmal bei einem Bier im Garten, sah der Nachbar die Unzulänglichkeiten der Welt in einem größeren Rahmen.

„Du erfährst deine Sorgen sehr persönlich", sagte er zu Ernst. „Und natürlich bis du und seid ihr in der Familie es, die darunter ganz real leidet." Ernst nickte.

„Die Ursachen für deine Schwierigkeiten liegen in den politischen und gesellschaftlichen Verhältnissen begründet. Im Grunde wäre Luisa am besten in einem guten Heim aufgehoben."

„Ein gutes Heim gibt es nicht, und wenn doch, ist es nicht bezahlbar", warf Ernst ein.

„Du hast recht, aber, warum sind die Heime so teuer? Das Geld fließt in die Taschen der Aktionäre, denn immer mehr Heime gehören riesigen Konzernen an, deren Hauptziel es ist, für die Eigentümer Gewinne zu erzielen. Die Heimbewohner oder das Personal sehen von den riesigen Summen, die in diese Institutionen gesteckt werden, herzlich wenig. Deshalb sind die Verhältnisse dort so beklagenswert."

Es tat Ernst gut, wenn er einmal seine Misere, in der er steckte, aus dem Mund eines anderen hören konnte, ohne selbst sein Leid klagen zu müssen.

„Genauso ist es und weißt du, was das Schlimmste ist? Selbst wenn du dir Informationen holst, wie viel ein Heimplatz im Augenblick kostet und wie hoch der Eigenanteil ist, dann kriegst du nur eine Momentaufnahme. Die Kosten steigen und steigen, es ist nicht abzusehen, wieviel du im kommenden Jahr zahlen musst."

„Der Grund hierfür sind die gesetzlichen Regelungen, nach denen die Pflegekasse einen gedeckelten Festanteil hat", wusste der Nachbar. „Als Konsequenz werden jegliche Kostensteigerungen aufgrund von Inflation, gerechten Lohnzuwächsen und Gier der Menschen, die hinter den Konzernen stehen, den Heimbewohnern bzw. deren Familien aufgebürdet."

„Jeden Monat Tausende von Euro, wer kann sich das leisten?" Aus Ernst sprach jetzt wieder Verzweiflung. „Pflege zu Hause geht nur bis zu einem Punkt. Mit einer Krankheit wie Demenz kannst du noch viele Jahre leben! Meinem Sohn und der Schwiegertochter kann ich das nicht zumuten. Es ist halt nicht mehr so wie früher, dass die Frauen automatisch neben Kinder und Haushalt auch für die Alten- und Krankenpflege zuständig sind."

„Das ist auch gut so. Jetzt hoffen wir mal, dass ihr mit eurer Eva klarkommt. Sie ist ja auch ein Opfer der herrschenden Wirtschaftsverhältnisse, die sie dazu zwingen, so eine Stelle weit weg von zuhause anzunehmen."

Ernst sprach erst nach einer Weile wieder und als er sich zu seinem Nachbarn umdrehte, sah der, dass er ganz blass geworden war. „Das mit der Betreuung muss funktionieren. So können wir wenigstens das Pflegegeld behalten und für Evas Bezahlung einsetzen. Wenn Luisa im Heim wäre, würden sämtliche uns von der Pflegeversicherung zustehende Zahlungen direkt ans Heim fließend und um den Rest zu zahlen, ginge mein ganzes Vermögen drauf."

„Genau, und wer kassiert dann die ganzen Früchte deines Arbeitslebens? Letztendlich die Aktionäre und teilweise auch die Spitzenmanager der Konzerne. Und wenn dein Vermögen dann aufgebraucht ist, oder wenn Leute erst gar kein Geld haben, springt eben der Staat mit unseren Steuergeldern ein. Die Leute, die den Hals niemals vollkriegen, die keiner mit Namen kennt, die die Gesetzesmacher so beeinflussen können, dass die Vermögensumverteilung von unten nach oben immer weiterläuft, die lachen sich ins Fäustchen. Folge den Spuren des Geldes, sage ich da immer."

Während der Nachbar sich in Fahrt redete, war für Ernst das

Ende der Fahnenstange erreicht. „Was soll ich denn machen, jetzt auch noch Bundeskanzler werden?", fragte er. „Geh du doch in die Politik, dann wähl' ich dich." Damit war die Diskussion für diesmal zu Ende.

Die Geschichte mit Eva nahm hingegen ihren Lauf. Bald war nicht mehr zu ignorieren, Eva trug immer öfter und immer früher am Tag eine Alkoholfahne vor sich her. Ernst konnte sich nicht mehr ohne Weiteres darauf verlassen, dass sie pünktlich wieder zu Hause sein würde, um das Essen zuzubereiten, so stand er wieder selbst am Herd und sorgte anschließend dafür, dass Luisa auch tatsächlich etwas aß. „Die Betreuung teile ich mir doch ohnehin mit Eva, mir macht es nichts aus, einzuspringen", versuchte er, die neuerlichen Zustände zunächst noch zu entschuldigen.

Schließlich verbrachte Eva die meiste Zeit, wenn sie denn einmal zuhause war, in ihrem Zimmer. Mitten am Tag war aus der Tür lautes Schnarchen zu hören sowie andere Geräusche, deren Ursprung sich Ernst lieber nicht vorstellte. Luisa war sehr kleinlaut geworden und begann, sich vor ihrer Betreuerin zu fürchten.

Eines Tages kehrte Eva nicht mehr von ihrer Exkursion zum See zurück. Zunächst ging durch die gesamte Familie eine gewisse Erleichterung. Man genoss allgemein diesen Abend der Stille.

Nachdem Eva jedoch zum wiederholten Male nicht an ihr Handy ging und es mittlerweile draußen stockdunkel war, rief Ernst bei der Polizei an. Er hatte damit gerechnet, am Telefon abgewimmelt zu werden. Dem war nicht so. Die Beamtin bat Ernst, seine Betreuungsperson zu beschreiben. Das war ja nun nicht so schwer.

„Ich glaube, da haben wir etwas vorliegen", sagte die Polizistin. „Es läuft gerade ein Einsatz, allerdings etwas weiter weg vom See, mitten im Wald. Eine hilflose Person mit ramponiertem Fahrrad wurde aufgegriffen. Sie ist offensichtlich gestürzt und verletzt. Allerdings hat sie sich heftigst gegen die Nothelfer gewehrt und jetzt ist auch ein Streifenwagen vor Ort. Die Kollegen mussten die Dame fixieren. Sie wird gerade ins Krankenhaus gebracht."

In ihrer trunkenen Rage entwickelte Eva eine solche Kraft, dass schließlich ein weiterer Streifenwagen hinzugezogen wurde und es vier Beamte und Beamtinnen brauchte, um Eva an Händen und Füßen mit Handschellen gefesselt ins Krankenhaus einzuliefern. Dort wurde sie, im Beisein von zwei Streifenpolizisten, behandelt und dann zur Erleichterung des Krankenhauspersonals im Notdienst wieder auf freien Fuß gesetzt, nachdem sie sich beruhigt hatte, ihre Personalien festgestellt wurden und Eva versprach, ohne weiter Schwierigkeiten zu machen nach Hause zu gehen und ihren Rausch auszuschlafen. Auf den Papierkram, der angefallen wäre, hätten sie Eva in Gewahrsam genommen und zur Polizeiwache in die Ausnüchterungszelle gebracht, hatten die Beamten keine große Lust. Es war insgesamt eine sehr unruhige Vollmondnacht, und der nächste Einsatz wartete schon.

Soweit es die Polizisten und Polizistinnen betraf, war dieses Verhalten verständlich. Für Ernst und seine Familie brachte es unangenehme Folgen. Mitten in der Nacht hörten sie, wie Eva, entgegen ihrer Versprechen, randalierend die Straße zum Haus hinauftorkelte. Sie hatte in der Zwischenzeit wieder etwas zu trinken aufgetrieben. Ernst verschloss die Haustür und legte das Sicherheitsschloss vor. Schließlich besaß Eva einen Schlüssel. Den hatte sie jedoch verloren. Sie saß auf der Terrasse und grölte laute Lieder, deren Texte zum Glück niemand verstand. Dazwischen verlangte sie lautstark Einlass und hämmerte gegen Tür und die runtergelassenen Rollläden. Das ganze Haus und die Nachbarschaft waren wach. Die Kinder weinten und Ernst rief erneut die Polizei.

Diesmal nahmen sie Eva mit. Es war bereits früher Morgen. Ernst rief bei der Agentur an. Die sah sich enttäuschend wenig zuständig, versprach jedoch, Eva sofort auszutauschen, sobald die nächste Fahrt nach Deutschland organisiert werden konnte.

Ernst verzichtete dankend, bestand auf sofortiger Kündigung des Vertrags. Das Familienleben versank im Chaos. Ernst erlitt erneut eine Herzattacke. Diesmal war es kritisch. Für die Zeit seines Krankenhausaufenthaltes nahm sich die Schwiegertochter

Urlaub und kümmerte sich um Luisa. Was während der anstehenden Reha, die Ernst so bald wie möglich nach seiner Entlassung antreten müsste, werden sollte, wusste niemand. Im Krankenhaus gab es eine für solche Fälle zuständige Mitarbeiterin. Sie spendete Ernst hilfreichen Trost und machte der Familie berechtigte Hoffnungen auf einen Kurzzeitpflegeplatz, den die Versicherung sogar bezahlen würde. Begrenzt durch neuerlich gekürzte Ressourcen ging dieser Plan dann doch nicht rechtzeitig auf.

Versuche, durch Lokalanzeigen eine wenigstens stundenweise Betreuung zu organisieren, blieben erfolglos. Luisa ließ sich dazu überreden an zwei Tagen die Woche an einer von der Arbeiterwohlfahrt organisierten Tagespflege teilzunehmen. Das Aufatmen der Familie war von kurzer Dauer. Luisa brachte mit ihrer abwehrenden Haltung Unruhe in die gesamte Gruppe. Eines Morgens weigerte sie sich vehement, in den Minibus einzusteigen, der die Kranken morgens einsammelte und zur Tagespflegestätte brachte. Luisas Gezeter war über die ganze Straße zu hören und brachte die Nachbarn auf den Plan. Der Pflegedienst schrieb, dass, wegen vermehrter Personalausfälle, für absehbare Zeit keine zusätzlichen Leistungen mehr gebucht werden konnten.

Da starb Luisa. Ihr plötzlicher Tod verursachte neben dem verständlichen Schock und der Trauer über das so doch unerwarteten Ableben der Kranken auch Erleichterung. Daraus machten weder Ernst noch die Kinder einen Hehl, es wäre zu offensichtliche Heuchelei gewesen.

Es geschah an einem Sonntagmorgen. Luisa saß im Bad. Seit der Pflegedienst diese Aufgabe nur noch eingeschränkt übernahm, war es wieder an Ernst, mithilfe des Badesitzes, den man drehen und dann ins Wasser herunterlassen konnte, seiner Frau zu ermöglichen, ein Entspannungsbad zu nehmen. Das war vom Hausarzt sehr empfohlen worden und hatte tatsächlich, wenigstens zeitweise, eine beruhigende Wirkung auf Luisas Gemüt.

Während Luisa an ihrem Todestag im Bad saß, verspürte Ernst plötzlich das nicht aufschiebbare Bedürfnis, zur Toilette zu gehen. Am Abend zuvor hatten sie den Geburtstag der Schwiegertochter gefeiert und der Nudelsalat war dem alten Mann nicht gut bekommen. Bereits in der Nacht hatte er mehrmals aus dem Bett gemusst. Nun war die Wohnung so angelegt, dass Toilette und Bad in zwei verschiedenen Räumen lagen. Dies war sehr praktisch, weil man so nicht warten brauchte, wenn man mal musste und gerade jemand duschte oder badete. Völlig verstört und unter Tränen gestand Ernst, ausgerechnet in dem Moment, in dem er auf der Toilette saß und unter starken Magenkrämpfen litt, war Luisa in der Badewanne ertrunken. Mit dem Gesicht unter Wasser hatte er seine Frau gefunden.

Luisa, von jeher klein und zierlich, verlor im Verlaufe ihrer Krankheit viel an Gewicht und hatte demzufolge in der Wanne viel Platz. Ob sie einen plötzlichen Schwächeanfall erlitt und infolgedessen ertrunken war, oder ob sie an einem Herzversagen gestorben war, würde die angeordnete Obduktion ergeben.

In der Zeit nach Luisas Tod verhielt sich Ernst sehr ruhig. Sein Gesicht und seine Bewegungen strahlten eine friedliche Ausgeglichenheit aus, wie sie seine Familie seit Jahren nicht mehr an ihm gesehen hatten. Mit Sorgfalt plante er Luisas Beerdigung, beim Aussuchen von Sarg und Blumenschmuck war er sehr großzügig.

Wenige Tage vor dem zur Beerdigung angesetzten Termin klingelten zwei Kriminalbeamte an der Tür.

„Guten Abend Herr Ernst", sagte der Ältere von beiden. „Entschuldigen Sie bitte die Störung. Bezüglich des Todes Ihrer Frau haben sich ein paar Fragen ergeben. Wir müssen Sie bitten, mit uns aufs Präsidium zu kommen."

Es bestand begründeter Verdacht, dass es sich nicht um einen natürlichen Tod handelte. Luisa war ertrunken und an Händen und Nägeln gab es Abwehrspuren. An den Fußgelenken zeigten sich Druckstellen. Es stellte sich schnell heraus, dass die DNA-Proben zu den Kratzern passten, die Ernst am Arm hatte.

Dem fassungslosen Sohn erklärte der Beamte: „Ihre Mutter muss im Todeskampf noch versucht haben, sich zu wehren." Ansonsten hielten sich die ermittelnden Behörden mit Informationen sehr zurück.

Als Ernst, nachdem er wiederholt vernommen worden war, zuhause verhaftet und abgeführt wurde, saß die Familie gerade beim Mittagessen, das der Witwer seit Luisas Tod immer gemeinsam mit seinem Sohn, der Schwiegertochter und den Enkeln einnahm. Ernst ging, ohne Fragen zu stellen, mit. Er sah aus, als hätte er sich bereits in sein Schicksal ergeben. Noch bevor sein Pflichtverteidiger ins Präsidium kam, gestand Ernst, seine Frau getötet zu haben.

Da der Fall mehr oder weniger klar war, gab es für Ernst die Erlaubnis, Familienbesuche zu bekommen. Die Enkelkinder kamen nicht mit, ein Umstand, den Ernst gut verstand, der ihn jedoch nichtsdestotrotz sehr schmerzte.

„Warum Papa?" Der Sohn war seit der Verhaftung seines Vaters völlig verstört. „War es das Haus? Deshalb hast du Mama umgebracht?"

„Ach Junge", sagte Ernst, seine Schwiegertochter, die ihm ebenfalls gegenübersaß, schien er nicht zu bemerken.

„Weißt du, wie oft deine Mutter, nachdem die Diagnose klar war und wir wussten, was uns blühte, mich anflehte, ihr zu helfen, ihr Leben zu beenden, wenn es unerträglich würde?"

„Was heißt unerträglich, wer bestimmt das?" Der Sohn war außer sich.

„Nun, am Ende habe das wohl ich bestimmt. Deine Mutter war nicht mehr dazu in der Lage. Wie sehr sie gelitten hat, habt ihr alle mitbekommen. Was sie am allerwenigsten wollte, war, dass du, deine Familie, ihre Enkel unter der Krankheit zu leiden hätten."

„Als wäre es uns darauf angekommen", schaltete sich die Schwiegertochter ins Gespräch.

Ernst lächelte.

„Das weiß ich doch, trotzdem, Luisa und ich, wir haben das beide so entschieden, als es noch möglich und Luisa, die meiste Zeit zumindest, im Besitz ihrer geistigen Kräfte war."

„Ich kann das nicht glauben", der Sohn war den Tränen nahe. „Mama war gläubig, ein Selbstmord kam demzufolge für sie nicht in Frage!"

Ernst schien etwas aus dem Konzept geraten. „Da war sie eben in diesem Punkt nicht ganz so konsequent, wie das sonst ihre Art war."

„Aber sie hat sich doch gewehrt, die Polizei sagt, es gab ganz deutlich Abwehrspuren, und ich erinnere mich an den Kratzer auf deinem Arm!"

Ernst sagte eine Weile nichts. Die letzten Minuten, die er und Luisa zusammen verbrachten, gingen niemanden, auch den Sohn nichts an.

„Ruhig Liebes, es dauert nur eine Minute", hatte er liebevoll zu Luisa in dem Moment gesagt, als er in der Wanne nach ihren Füßen griff und sie erkannte, was er vorhatte. Blankes Entsetzen stand in ihren Augen, als sie wieder und wieder versuchte, sich aufzurichten und mit ihren in letzter Zeit bis auf die Knochen abgemagerten Fingern nach seinen Handgelenken griff. Es bestand kein Zweifel. Als Ernst Luisa in der Wanne ertränkte, da wollte die alte Frau leben, mit der ganzen Kraft, die sie in ihrem ausgezehrten Körper zusammenballen konnte, hing sie an dem dünnen Faden, der sie noch mit dem irdischen Leben verband.

„Du hast es doch so gewollt, das haben wir doch abgemacht", versuchte Ernst, sich zu verteidigen, wohl wissend, dass seine Frau wahrscheinlich seine Worte nicht verstand und ganz sicher nicht antworten konnte. Kurz bevor sie endgültig unterging, schien Luisa sich plötzlich zu beruhigen. Sie sah ihren Mann mit klaren Augen an, die deutlich machten, Luisa verstand genau, was gerade vor sich ging. In ihrem Blick lag kein Hass, sondern Verwunderung und vielleicht sogar Dankbarkeit. Ein Zucken ging durch Luisas ganzen Körper. Ihr Ausdruck änderte sich. Ernst war es, als sähe sie durch ihn hindurch, direkt in sein Herz. Es war Wut, die Luisa ihrem Mann mit ihrem letzten Atemzug entgegenschleuderte. Die alte Frau ging nicht in Frieden.

„Jetzt verbringst du vielleicht deine letzten Jahre im Gefängnis, das war weder das Haus noch euer Geld wert."

„Wer weiß schon, was geschehen wird. Besorg mir von dem Geld, das da ist, einen guten Anwalt. Dann kann ich vielleicht nach einigen Jahren wieder raus. Wenn ich ehrlich bin, freue ich mich darauf, endlich eine Zeit lang Ruhe zu haben, ohne die vielen täglich wiederkehrenden Aufgaben, die die Pflege deiner Mutter mit sich brachten. Ich denke, im Gefängnis werden sie mit einem Mann in meinem Alter nicht mehr so streng sein und mich weitestgehend in Ruhe lassen."

„Wenn du dich da mal nicht täuschst."

„Wer weiß, vielleicht kann ich mein altes Hobby, die Zauberei wieder aufnehmen und damit ein paar Leuten hier ein wenig die Langeweile vertreiben, sodass sie mir gut gesonnen sind." Ernst lachte ein wenig wehmütig. „Die Kinder sind ohnehin groß. Sie brauchen mich nicht mehr so sehr und Opas Zaubertricks sind eh nicht mehr interessant."

Die Hoffnung, ein guter Anwalt, den der Sohn und die Schwiegertochter natürlich besorgten, könne Ernst vor dem Gefängnis bewahren, erfüllte sich nicht. Im Freundeskreis und bei den Verwandten wurde der Tat selbst mit Verständnis begegnet. Die Einstellungen zum Thema „Sterbehilfe" gingen freilich auseinander, nicht jeder hatte Luisas Leiden in der letzten Zeit miterlebt. Allgemein wurde jedoch anerkannt, dass Ernst das Leben seiner Frau beendet hatte, ohne für sich selbst einen Nutzen daraus zu ziehen. Er hatte es für die Familie getan, zumindest die Kinder und Enkelkinder würden davon profitieren.

In den Gesprächen richtete sich der Unwille meist gegen die gesellschaftlichen Verhältnisse, die von Politik und Wirtschaft so ausgestaltet waren, dass ein Mann, der sein Leben lang redlich und gesetzestreu gelebt und immer für seine Familie gesorgt hatte, sich am Ende gezwungen sah, zu töten – damit der Familie die Lebensgrundlage erhalten blieb.

***

Ernst lebte sich tatsächlich in den Gefängnisalltag ein. Die dort herrschende Routine, die Tatsache, dass er keine Verantwortung mehr trug, nicht einmal die für sich selbst, taten ihm gut. Er genoss die regelmäßigen Mahlzeiten, an denen er nichts auszusetzen hatte. Diesbezüglich war er noch nie sehr anspruchsvoll gewesen, und mit der Qualität der Mahlzeiten, die er und Luisa sich von ‚Essen auf Rädern' hatten kommen lassen, konnte die Gefängnisküche gut mithalten. Dazu kam, dass die Portionen viel größer waren und man immer einen Nachschlag haben konnte. Die anderen Insassen ließen Ernst in Frieden. Niemand hatte von ihm etwas zu befürchten und zu holen gab es bei dem alten Mann ohnehin nichts. Vielleicht war es auch ein gewisser Respekt vor dem Alter und vor der Tat selbst, die der Verurteilte, ohne einen eigenen Vorteil daraus zu ziehen, begangen hatte. Im ersten Jahr seiner Gefangenschaft nahm Ernst sogar einen Teil des Gewichts, das er in der letzten Zeit, in der er sich um Luisa kümmerte, verloren hatte, wieder zu. Die Wärter behandelten ihn freundlich und stellten sicher, dass er in der Kantine gut versorgt und beim Duschen unbehelligt blieb.

Die Besuche der schwarzhaarigen Dame waren zuerst nur sporadisch. Natürlich wurde in der Gefängnisgemeinschaft getuschelt, über die Tatsache selbst, dass so jemand wie der alte Ernst regelmäßigen Damenbesuch bekam, sowie über das exotische Aussehen der Frau. Ernst hätte ihnen sagen können, dass seine Freundin mit den Jahren zwar gealtert war, aber ihren Charme und die geheimnisvolle Aura, die sie umgab, behalten hatte. Deshalb hatte Ernst Anita auch sofort erkannt, als er seinerzeit an der Zirkuskasse die Tickets für die Kinder holte.

Es waren ihre Augen gewesen, die Ernst genauso faszinierten, wie vor so vielen Jahren, als sie sich das erste Mal in jenem Urlaubshotel begegneten. Sie hatten eine leidenschaftliche, kurze Affäre gehabt. Luisa war damals zum ersten Mal schwanger, und weder Ernst noch Anita kam es in den Sinn, die junge Mutter alleine zu lassen. Später dann, als Anita wusste, Ernst war in seiner Ehe nicht wirklich glücklich, wenn er sich auch in seiner Zufriedenheit eingerichtet hatte, hoffte sie schon, er würde den Absprung schaffen und sich eines Tages für sie entscheiden. Ernst jedoch bekam nie die Kurve, sein Leben grundlegend zu verändern traute er sich nicht.

Der Kontakt zwischen Anita und Ernst riss nie ganz ab. Ernst verfolgte ihre Karriere als zunehmend bekannter werdende Trapezartistin, über die sogar in den Zeitungen berichtet wurde. Er bekam mit, als der kleine Zirkus, mit dem Anita durchs Land zog und in dem sie aufgewachsen war, von einem großen, in ganz Deutschland und darüber hinaus bekannten Zirkus aufgekauft wurde.

Als Anita stürzte und es feststand, dass sie nie wieder am Trapez arbeiten würde, besuchte Ernst sie sogar heimlich im Krankenhaus.

Nach Luisas Demenz-Diagnose herrschte zwischen den beiden für eine Weile Funkstille. Es erschien Ernst ungehörig, die Situation auszunutzen, solange es zwischen ihm und seiner Frau noch so etwas wie eine Beziehung gab. Außerdem war ihm der Gedanke unerträglich, Anita könnte Mitleid mit ihm und seiner Situation haben.

Dann begegneten sie sich wieder. Um sich eine Ablenkung vom anstrengenden Alltag zu verschaffen, lud Ernst seine Enkelinnen in den Zirkus ein, der gerade in der Stadt gastierte. Anita saß an der Kasse und verkaufte die Eintrittskarten. Sie sahen sich an und beide mussten sich zusammenreißen, um nicht erkennen zu geben, dass sie keine Fremden waren.

Es war Anita, die die Initiative ergriff. Da Ernst noch immer an seiner alten Adresse wohnte, konnte sie ihn leicht ausfindig machen. „Luisa schadet es doch nicht, wenn wir uns sehen und für eine Weile glücklich sind", argumentierte sie. Dem hatte Ernst nichts entgegenzusetzen. Im Gegenteil, wenn er ausgeglichen und zufrieden war, konnte er mit der Pflege, die immer größere seelische und körperliche Kräfte erforderte, besser umgehen.

Anita begann, über die Möglichkeit einer gemeinsamen Zukunft nachzudenken. Ernst war skeptisch.

„Luisas Krankheit ist nicht lebensbedrohlich. Sie ist körperlich in einem guten Zustand. Sie kann noch viele Jahre leben. Wir müssen einen Weg finden, damit umzugehen."

Es tat Ernst weh miterleben zu müssen, wie seine einst so stolze und berühmte Anita nun an der Eintrittskasse ihr Gnadenbrot erhielt.

„Immerhin lege ich während der Vorstellungspausen auch noch Tarotkarten." Obwohl sie damit Ernst trösten wollte, konnte ihr Lachen eine gewisse Bitterkeit nicht verbergen.

Wer von ihnen wann genau auf die Idee gekommen war, Luisas Leben zu beenden, den Kindern das Haus zu überlassen und den Rest des Lebens an einem weit entfernten und sicheren Ort zu verbringen, konnten sie hinterher nicht mehr sagen. Ernsts Rente war recht ansehnlich. Wenn man davon keine Heimkosten und keine Vollzeitbetreuung bezahlen musste, würde es für zwei Leute ausreichen.

„Wenn wir uns für Thailand entscheiden, können wir in Saus und Braus leben", sagte Ernst und brachte Luisa um.

Es war das erste Mal in seinem Leben, dass Ernst sich wirklich etwas so empörend Außergewöhnliches traute. Seine Hoffnung darauf, sich von den Fesseln der Sorge um seine demente Frau und der Verantwortung für die ganze Familie zu befreien, schlug indes fehl. Statt ein Leben mit seiner alten Liebe in Freude und Freiheit zu führen, saß er im Gefängnis und fieberte den Besuchstagen entgegen, an denen er Anita wiedersehen würde.

Das Leben bekam für Ernst einen neuen Rhythmus. Er wurde bestimmt von den Zeiten, in denen Anita mit dem Zirkus nahe genug gastierte, um einen Gefängnisbesuch möglich zu machen. Wenn die Truppe dann weiterzog, erschien seine Welt so trist und grau, wie es die Gefängnismauern tatsächlich waren.

Heute war der letzte Tag, danach könnten sie sich eine lange Weile nicht mehr sehen. „Na Ernst, hast du dich schick gemacht?"

Der Wärter meinte es gut mit Ernst, auch wenn dem immerhin um einige Jahrzehnte älteren Mann die joviale Art des Beamten auf die Nerven ging. Ein letzter Blick in den nur teilweise blinden Spiegel, dann noch ein paar Tropfen des teuren Rasierwassers, das er sich von dem in der Gefängniswerkstatt verdienten Geld kaufen konnte und Ernst folgte seinem Wärter den Gang hinunter, an dessen Ende Anita bereits wartete. Sie kleidete sich, wenn sie Ernst besuchte, um eine Spur konservativer, als es sonst ihre Art war. Vielleicht wollte sie damit ein peinliches Gefühl ausgleichen, gegen das sie sich bei diesen Treffen nicht wehren konnte.

„Na, dann wünsche ich den Herrschaften eine gute Zeit", sagte der Beamte so neutral es ihm gelang und schloss das, von dem vergitterten Fenster einmal abgesehen, einigermaßen wohnlich eingerichtete Familienzimmer, das Gefangenen bei guter Führung das Privileg einige Stunden inniger Gemeinsamkeit ermöglichte, auf.

Mein Höllenhund

In mir tief drinnen wohnt ein Höllenhund.
In meinem Herzen geht er ein und aus.
Knurrt er, klingt's richtig ungesund,
dann traut mein Seelchen sich nicht mehr raus.

Möcht' ich mich vor ihm verstecken,
beißt er mich und dich ins Bein.
Er kennt mein Herz in allen Ecken
und was er bellt, darf doch nicht sein!

Vielleicht – muss ich ihm Futter geben,
ihn streicheln, sagen „du bist schön,
mit deiner Kraft lässt sich's gut leben,
und Sonntags könn'n wir Gassi geh'n"

Verdrängnisse

Er fühlte sich fürchterlich. Seit er es wusste, befand er sich seelisch in einem tiefen Loch, aus dem er nicht herauskam. Oskar hasste es, mit aufgespanntem Regenschirm durch die volle Fußgängerzone zu laufen. Er konnte den Menschen nicht einmal ins Gesicht schauen, wenn er sie anstieß oder nachdem sie ihn angerempelt hatten. Unter den Schirmen liefen die Leute in einem feuchten Kokon, der ihnen auch als Tarnkappe diente. Man sah nicht, mit wem man zusammenstieß. Die Kollisionen geschahen anonym. Oskar spürte einen kräftigen Stoß in die Rippen, ausgeführt von einer Frau in nassen Wildlederhalbschuhen, während sie sich ihre Umhängetasche energisch auf den Schultern zurechtrückte. Obwohl ihn ihr genuscheltes „Oh Verzeihung" erreichte, empfand er einen erstaunlichen Zorn auf diese Unbekannte.

Der Regen schaffte es, in seinen Kragen zu laufen und die Ärmel und Hosenbeine nass zumachen. Das war ihm besonders unangenehm, weil er einen Anzug trug. Das feuchte Tuch klebte eklig und schwer an seinem Körper. Gerade heute wäre es Oskar wichtig gewesen, ordentlich und vor allem trocken an seinem Bestimmungsort anzukommen.

An einer Ampel kam die Menschentraube zum Stehen. Dies geschah sehr plötzlich, Oskar lief auf den Vordermann oder besser die Vorderfrau auf. Der Regenschirm dellte sich ein und Oskar rann das Wasser über das Gesicht und die Wangen herunter. Seine Gedanken waren düster. Er stand einfach da und fand es nicht der Mühe wert, unter seiner dunklen Bedachung hervorzuschauen.

Das Blöken hörte er, achtete jedoch nicht weiter auf den großen Lastwagen, der lebende Schafe transportierte und direkt neben ihm an der Ampel zum Stehen kam. Oskar hatte Sorgen.

Seine Trauer dauerte bereits viele Wochen. Das war okay. Oskar hatte lange Zeit gehabt, sich auf diesen Prozess vorzubereiten.

Er hatte Kurse besucht, sich in einer Selbsthilfegruppe angemeldet und sogar ein Buch zum Thema „Trauerverarbeitung" gelesen. Er hatte darauf vertraut, dass die Trauer in den vorgezeichneten Bahnen verlaufen und am Ende dann, wenn er alle Stadien, von Ungläubigkeit, Auflehnung, Verhandlung, Depression bis zur Akzeptanz des Unabänderlichen durchlaufen hätte, vorbei sein würde. So beschrieben und versprachen es die Experten.

Oskar wusste, Wut war Teil eines natürlichen Trauerprozesses. Früher oder später würde sie dem Gefühl Platz machen, das Schicksal, so wie es einem nun einmal beschert wurde, akzeptieren zu können und wieder zu einem inneren Frieden führen. Die Rage jedoch, die er nach wie vor empfand, war gänzlich unbeherrschbar. Oskar hatte keine Ahnung, wie er je darüber hinwegkommen sollte. Mit dem, was ihm widerfahren war, wurde er einfach nicht fertig.

Bauchspeicheldrüsenkrebs. Die Diagnose hatte ihn umgehauen. Sogar mehr so, als es bei Marita anscheinend der Fall war.

Marita, seine Frau. Ihre Schönheit überstrahlte alles und alle. Es gab kein Fest, keine Party, wo Marita nicht früher oder später zum Mittelpunkt wurde. Nicht etwa, weil sie so klug oder schlagfertig gewesen wäre. Marita brauchte nicht viel zu sagen, damit Menschen sich zu ihr gesellten. Das galt im Übrigen für Männer wie für Frauen. Es war ihre besondere Ausstrahlung – ihre Schönheit eben. Und er, Oskar, stand immer daneben, im Windschatten sozusagen. Das hatte ihm nie etwas ausgemacht. Er war Oskar, durchaus mit sich, seinem Leben und dem, was er erreicht hatte, zufrieden. Dies alles mit Marita teilen zu dürfen, machte ihn einfach glücklich. Wenn die anderen sein Glück sahen, störte ihn das nicht im Geringsten. Oskar war ein selbstsicherer Mann. Eifersucht und Neid gehörten nicht zu seinen Charakterzügen.

Es war diese helle Aura, die Marita zu umgeben schien, wohin sie auch ging, die dem Krebs als erstes zum Opfer fiel. Oskar bemerkte es, noch bevor er von dem Termin in der Klinik wusste, zu dem sie beide kommen sollten. Marita gab sich unbekümmert, konzentrierte sich auf die praktischen Aufgaben des Lebens, die vor ihr lagen. In vier Wochen würde die Vernissage stattfinden. Diese Ausstellung an Land gezogen zu haben, war der größte berufliche Erfolg, den Marita bis jetzt zu verzeichnen hatte. Sie arbeitete Tag und Nacht daran, die Bilder auszusuchen und fertigzustellen.

„Das Licht, das durch die Kuppel des großen Ausstellungssaales scheint, am Tag durch das Fenster und, wenn es dunkel ist, die raffiniert ausgeklügelte Beleuchtung, da muss ich einfach noch etwas Passendes schaffen."

Das glückte ihr dann auch. Marita malte ein neues Bild. Es war ein Stillleben von riesigen Ausmaßen. Dominiert wurde es von einem Strauß weißer Lilien. In einer fast unsichtbaren Vase aus Glas wirkten die Blumen außerordentlich filigran und trotzdem stark. Sie sahen so real aus, dass der Betrachter an eine Fotografie erinnert wurde und dennoch zugleich die Pinselführung bewunderte. Das Bild spiegelte für Oskar Maritas Wesen in seiner ganzen Vielschichtig- und Widersprüchlichkeit wider. Er erkannte in den Farben und Formen, die seine Frau während der letzten Wochen, in denen sie als gesund galt, malte, ihre Stärken und Schwächen, ihre Sanftheit und auch ihren Ehrgeiz wieder, mit dem sie ihre Ziele verfolgte.

Wie immer war Oskar der Erste, der Maritas neues Werk zu Gesicht bekam. Er stand eine Weile vor dem Gemälde, das beinahe bis zur Decke des kleinen Ateliers reichte, zu dem Oskar das Gewächshaus im Garten umgebaut hatte. „Es ist mir wie immer eine Ehre, als erstes deine Bilder sehen zu dürfen. Dieses hier …", sagte er und konnte die Ergriffenheit in seiner Stimme nicht verbergen. „Dieses hier ist einfach wunderschön. Trotz seiner Größe hat es etwas Heimeliges, in dem auch eine gewisse Traurigkeit liegt." Es entstand ein kurzes, beinahe verlegenes Schweigen zwischen den beiden, gerade so, als wären sowohl Oskar als auch Marita verblüfft über diesen für den sonst so wortkargen Mann recht umfänglichen Gefühlsausbruch. „Also weißt du", rief Marita schließlich, ergriff einen Farbpinsel und näherte sich lachend ihrem Mann. Während er in freudiger Erwartung ihren scheinbaren Angriff abwehrte, nutzte sie die Gelegenheit, sein Gesicht abzuküssen. Was dann folgte, sollte ihre letzte, unbeschwerte Liebesnacht werden.

Oskar hatte immer Stolz darüber empfunden, dass ihre körperliche Beziehung nach so vielen Jahren noch aufregend und erfüllend war. Auch im ganz privaten Bereich schien Marita sich der außerordentlichen Wirkung, die sie auf ihre Umwelt hatte, nie bewusst zu sein. Dadurch erhielt alles, was sie tat, eine unwiderstehliche, unschuldige Natürlichkeit.

Nach der Diagnose bestand Marita zunächst darauf, das Leben so weit wie möglich in seinen normalen Bahnen weiterlaufen zu lassen. „Im Augenblick geht es uns beiden gut", meinte sie. „Warum sollen wir uns unser Glück nehmen lassen, bevor die Notwendigkeit dazu besteht?"

Konsequenterweise zog sie die Vernissage wie geplant durch und die Ausstellung wurde ein voller Erfolg. Die lokale Presse und sogar eine überregionale Zeitung berichteten darüber. Die Kritiken waren durchweg vorteilhaft und Marita gab ein Interview im Fernsehen.

Bei der Eröffnung der Ausstellung fiel Oskar auf: Maritas ‚Aura der Zuversicht und Stärke' war nicht mehr da. „Sie muss sich in Zukunft unbedingt mehr schonen", sagte er sich und versuchte die Angst, die sich seit dem Gespräch mit den Ärzten in der Klinik in ihm breitmachte, zu unterdrücken. Oskar ahnte von dem Augenblick an, als Marita ihre kurze, bescheidene und doch so kompetente Rede zur Eröffnung ihrer ersten großen Ausstellung hielt, dass er sie verlieren würde. Diese Erkenntnis gestand er sich lange selbst nicht ein, erst gegen Ende der Krankheit wurde ihm bewusst, was ihm schon lange klar gewesen war.

Maritas Strahlkraft wurde weniger. Es dauerte eine ganze Weile, bis den anderen der fehlende Glanz in Augen und Haaren auffiel. Das war die Zeit, als sie beide dezente Bemerkungen von Verwandten und Freunden über Maritas Gesundheitszustand zum Anlass nahmen, von ihrer Krankheit zu erzählen.

Einstweilen gab er sich, was Maritas Behandlung und Heilungschancen anbelangte, genauso zuversichtlich wie die restliche Familie und so oft es ihm möglich war, glaubte er selbst gerne an seine eigenen optimistischen Worte. Die zweite Chemo war die schlimmste. Oskar und Marita bewunderten gegenseitig ihr Durchhaltevermögen, vermochten es aber nicht, einander zu trösten. Als die Nebenwirkungen der Therapie immer schlimmer und die Prognosen nicht mehr so vielversprechend wurden, gelang es den beiden nicht, offen über ihre Ängste zu sprechen. Höchstens indirekt kam die Möglichkeit zur Sprache, dass Marita die Krankheit nicht überleben könnte.

„Es wird Zeit, dass du dich damit auseinandersetzt, was gesunde Ernährung bedeutet. Du musst dich schon selbst versorgen können", sagte sie einmal. Marita sprach auch über Haushaltsrechnungen, die regelmäßig bezahlt werden mussten, ein Gebiet, das bis dahin stets ihre Aufgabe gewesen war.

So kam es dann heraus. Eigentlich war es zwangsläufig gewesen, früher oder später musste er darauf stoßen, sobald er anfing, sich mit den Familienfinanzen zu beschäftigen. Bis an ihr Lebensende würde er nicht herausfinden, ob Marita ihm absichtlich die Zahlungen offengelegt hatte, quasi als der Versuch einer Art Beichte, oder ob die Krankheit bei Marita zu diesem Zeitpunkt bereits so weit fortgeschritten war, dass ihr scharfer Verstand, mit dem sie all die Jahre über ihr Geheimnis vor ihm bewahrt hatte, eingetrübt war.

Oskar sah auf seine Uhr. Wollte er nicht zu spät kommen, müsste er schneller gehen, aber die Ampel stand wieder auf Rot. Ein beachtlicher Menschenhaufen kam zum Stehen. Oskar befand sich mittendrin. Beinahe hätte er die Frau von hinten angerempelt, die sich gerade bückte und zu ihrem Hund sprach. Hund und Frauchen hatten die gleiche Haarfarbe. Der Pferdeschwanz der Frau glänzte trotz des trüben Wetters. Von hinten glich sie Marita so sehr, dass Oskar der Schweiß ausbrach. Er zweifelte an seiner eigenen Wahrnehmungsfähigkeit und schaute noch einmal genau hin. Doch bestimmt, diese Frau hatte große Ähnlichkeit mit seiner verstorbenen Frau. Gleiche Frisur, ähnlicher Kleidungsstil, fast haargenau die gleiche Figur. Und er erinnerte sich an ein Gespräch, als es Marita schon schlecht ging. „Du solltest dir vielleicht einen Hund zulegen", hatte sie vorgeschlagen und auf seine verdutzte Reaktion hin erklärt: „So ein Tier ist wirklich ein guter Gesellschafter und ...", fügte sie leiser hinzu, „kann ein großer Tröster sein."

„Du und deine ewige Tierliebe!", hatte Oskar abgewehrt. Nun stand da diese Frau vor ihm, Marita zum Verwechseln ähnlich. Sie sprach sehr liebevoll mit ihrem Labrador. Aus der Art, wie sie über seinen Kopf streichelte, wurde eine enge Verbundenheit mit dem Tier deutlich. Die Ampel wechselte auf Grün. Oskar ließ sich absichtlich ein wenig zurückfallen, um der Frau und ihrem Hund die Möglichkeit zu geben, vorauszugehen und aus seiner Sicht zu verschwinden.

Er war wieder wütend. Nicht über ihren Tod, sondern über den Betrug, den Marita an ihm begangen hatte, vor langer Zeit. Es trug sich zu Beginn ihrer Beziehung zu. Sie kannten sich gerade ein paar Monate, waren sehr verliebt und sich absolut einig darin, ihr Leben gemeinsam verbringen zu wollen. Er war Bäcker, sie war Künstlerin, beide am Beginn ihrer so unterschiedlichen Karrieren. Es dauerte, bis beider Familien und Freundeskreise begriffen, dass dieses ungleiche Paar tatsächlich sehr gut zusammenpasste und es eine Verbindung auf Dauer werden sollte.

Oskar hatte vor einiger Zeit geerbt. Als einziges und sehr geliebtes Kind war er in einer Bäckerei groß geworden, die sein Vater bereits in der dritten Generation führte. Oskar trat wie selbstverständlich in die Fußstapfen seiner Eltern. Er erlernte das Bäckerhandwerk und ging davon aus, dass er in dem stattlichen Eckhaus, in dessen Erdgeschoss sich der Laden in einem aufstrebenden Vorort der Stadt befand, als Ehemann genauso glücklich würde wie er es als Kind gewesen war.

Kurz bevor er Marita kennenlernte, war sein Vater verstorben, nachdem sie bereits zwei Jahre zuvor die Mutter verloren hatten. Neben der gut gehenden Bäckerei besaß Oskar also ein kleines Vermögen, das ein sicheres Polster darstellte für ihn, Marita und die kleine Lilli, die bald nach ihrer Heirat geboren wurde.

Es war für ihn völlig in Ordnung, Marita das Geld zu leihen, um das sie ihn bat, damit ihre hoch verschuldete Schwester ihr Haus nicht verlieren musste. Eine Reihe von Missgeschicken und eine unglückliche Beziehung hatten die junge Frau, die Oskar im Übrigen auch sehr sympathisch war, in den Ruin getrieben. Marita war es überaus peinlich, zu einem so frühen Zeitpunkt ihrer Beziehung das Thema Geld zu erwähnen. Oskar half gerne. Er war sich sicher, sein Geld wieder zu bekommen. Daran war ihm schon gelegen, denn, auch wenn er mit seinem Leben glücklich war, so hatte er durchaus Pläne.

Überall in der Stadt öffneten Bäckereien, die zu großen Ketten gehörten. Sie boten alle das gleiche fantasielose Sortiment an und bedrohten mit Dumpingpreisen ehrliche Handwerksbetriebe. Auch, wenn bei ihm das Geschäft gut lief, Oskar wollte der sich am Horizont abzeichnenden Gefahr durch die starke Konkurrenz vorbeugen und expandieren. Er spezialisierte sich zunehmend erfolgreich auf traditionelle, lokale Backwaren und war im Begriff, sich einen guten Namen zu machen. Das Erbe würde es ihm ermöglichen, seine Ideen zu verwirklichen. Mit den Rückzahlungen für das Darlehen, das er Maritas Schwester gegeben hatte, könnte er einen nötigen Kredit bedienen.

Marita hatte darauf bestanden, selbst die Schuldnerin zu sein. „Ich bürge dir für dieses Geld höchstpersönlich." So wurde dann ein Darlehensvertrag zwischen Oskar und Marita aufgesetzt. Die Rückzahlungsraten flossen regelmäßig.

Oskar und Marita heirateten. Sie diskutierten kurz die Möglichkeit eines Ehevertrags. Oskar war dagegen. „Es ist jetzt alles unser, zusammen schaffen wir, was wir wollen. Im Grunde sind wir doch beide Künstler, jeder hat halt nur sein eigenes Material. Mach dir keine Sorgen, mein Schatz, ich bin der Geschäftsmann", und als Marita ein wenig unglücklich dreinschaute, fügte er schnell hinzu, „und dafür regelst du die Familienfinanzen."

Damit hatte sich das Darlehen auf wundersame Weise erledigt. Insgeheim wurmte es Oskar, als die regelmäßigen Zahlungen ausblieben. Er hatte sie bei seiner Budgetierung fest eingeplant. Als in einem nahegelegenen Häuserblock eine Bäckerei, die immer ein scharfer Konkurrent von ihm gewesen war, zum Verkauf stand, hätte Oskar sie sehr gerne übernommen. Es fehlten ihm jedoch die finanziellen Mittel. Er machte Marita gegenüber Andeutungen bezüglich des Darlehens, das er ihrer Schwester gegeben hatte. „Das Geld fließt regelmäßig auf das Konto, das ich für Lillis Ausbildung angelegt habe. Erinnerst du dich? Dieser Bereich fällt unter meine Verwaltung!" Marita und Oskar stritten. Das war für ihn gerade deshalb so belastend, weil es sehr selten vorkam. Marita war traurig und außer sich. Als der häusliche Friede endlich wieder eingekehrte, nahm Oskar sich fest vor, die Angelegenheit nie mehr zu erwähnen. Die Sache war es nicht wert, sein großes Ehe- und Familienglück zu trüben.

Es machte Oskar sehr zu schaffen, als die Bäckerei dann von Kurt Rührig, seinem ärgsten Widersacher in der Stadt, der auch noch begann, Oskars Geschäftskonzept zu kopieren, übernommen wurde. Die beiden Männer verband ein Stück Vergangenheit. In ihrer Jugend waren sie einmal Freunde gewesen. Sie hatten zusammen die Berufsschule besucht. Es hatte sogar einen gemeinsamen Urlaub gegeben, während dem sie sich in das gleiche Mädchen verliebten, die sich für den anderen entschied. Jedes Mal, wenn Oskar an dem Geschäft vorbeiging, erinnerte er sich an seine damit in Verbindung stehenden Niederlagen.

Bei der Durchsicht der privaten Konten, die er, seit es Marita so schlecht ging, verwaltete, fand er heraus, dass es niemals ein Darlehen an Maritas Schwester gegeben hatte. Das Geld war an eben jenen Kurt, seinen großen Widersacher, geflossen, und zwar direkt von Maritas Konto, auf das Oskar seinerzeit diese stattliche Summe überwies. Oskar stellte fest, Wut hatte eine Farbe, nämlich weiß. Die Welt um ihn herum verwandelte sich mit einem Mal in gleißendes Licht. Sein Herz klopfte laut und er bekam keine Luft, weil er vergaß, zu atmen. Er selbst hatte, ohne es zu ahnen, Kurt Röhrig, der mit den Jahren von einem Freund zum Feind geworden war, den Grundstein für beruflichen Erfolg gelegt und ihm zu Wohlstand und Ansehen verholfen.

Nachdem Oskar Maritas Verrat entdeckt hatte, weigerten sich sein Verstand und sein Herz lange anzuerkennen, was offensichtlich war. Zu einer Zeit, die Oskar als die glücklichste in seinem Leben galt, borgte sich Marita von ihm Geld unter falschem Vorwand und gab es seinem Konkurrenten. Dadurch verpasste Oskar das Geschäft seines Lebens.

Schließlich musste er die Wahrheit akzeptieren. Während Marita kaum noch das Bett verlassen konnte und ihre Krankenhausaufenthalte immer häufiger wurden, füllte die Frage nach dem Warum Oskars ganzes Denken aus. Warum lieh sich Marita damals, als sie erst kurze Zeit zusammen waren, soviel Geld unter dem Vorwand, ihre Schwester bräuchte es und gab es dann Kurt? Wie Marita von ihrem Krebs, wurde Oskar von der Ungewissheit innerlich zerfressen. Er fragte Marita an ihrem Krankenbett aus. Sie war jedoch bereits durch die vielen Medikamente so schwach und auch verwirrt, dass es keine vernünftigen Antworten mehr gab. „Bitte, was willst du mit alten Kontoauszügen? Ich weiß doch nicht mehr, bitte lass mich!", flehte sie und fügte hinzu. „Es wurde doch alles, was du mir damals geliehen hast, zurückgezahlt."

Es stimmte. Seit über 18 Jahren gingen regelmäßig monatliche Zahlungen von Kurt Röhrig auf eines von Maritas Konten ein. In einem der wenigen Momente, in denen Oskar einen klaren Gedanken fassen konnte, rechnete er zusammen, wie viel, seit er seiner damaligen Freundin das Geld geliehen hatte, zurückgeflossen war. Die Summe überstieg bei Weitem das ursprüngliche Darlehen, selbst wenn Zinsen mit eingerechnet wurden.

Seine Verzweiflung wurde nur durch die physische Erschöpfung, die Maritas Pflege zunehmend mit sich brachte, zeitweilig gedämpft. Die Krankheit und das Leiden seiner Frau erreichten einen neuen Höhepunkt. Oskar wendete all seine Energie auf, Marita zuhause zu pflegen. Die Schwestern und Ärzte der Palliativstation leisteten große Unterstützung. Die Wunde, die Maritas offensichtlicher Verrat, für den es keine Erklärung gab, geschlagen hatte, konnten sie nicht lindern. Neben dem Kummer über den bevorstehenden endgültigen Verlust seiner Frau quälten Oskar immer wieder die gleichen Fragen. Warum hatte Marita seinerzeit sein Geld diesem Kurt geliehen? Sie und Oskar waren damals bereits ein festes Paar und dann war Marita schwanger. Wieso hörten die Darlehensrückzahlungen nicht auf, als die Schuld getilgt war? Und schließlich, warum hatte Marita all die Jahre nicht davon gesprochen? Es ging Oskar gar nicht so ums Geld. Sie waren lange aus dem Gröbsten raus und er hätte die Summe Marita liebend gerne überlassen.

Die quälenden Ungewissheiten beeinflussten sein Verhältnis zu Marita in diesen letzten Wochen und Tagen, die sie noch gemeinsam hatten. Es war zu spät, um eine Klärung herbeizuführen. Maritas Interesse galt immer weniger den Angelegenheiten des täglichen Lebens. Die seltenen wachen und schmerzfreien Zeiten, die ihr noch blieben, wollte sie mit ihrer Familie und vor allem mit ihrer Tochter verbringen. Die Pfleger waren mittlerweile rund um die Uhr im Haus. Sie drangen darauf, der Kranken jede Aufregung zu ersparen, es machte keinen Sinn sie mit Vergangenem zu behelligen. Keine Antwort könnte das, was unausweichlich und unmittelbar bevorstand, ändern.

Irgendwann zweifelte Oskar zum ersten Mal daran, dass Lilli tatsächlich seine Tochter war. Lilli, mit ihren wunderschönen braunen Augen, die schon, als sie noch ein ganz kleines Mädchen war, so sanft und gleichzeitig unglaublich lebendig in die Welt blickten. In der Familie wurde ab und an die Tatsache kommentiert, dass alle Mitglieder sowohl seiner als auch Maritas Familie blaue Augen hatten. Oskar hatte bei diesen Gelegenheiten höchstens mit den Schultern gezuckt und auf eine, ebenfalls braunäugige, Kusine verwiesen. Seine Tochter war Oskars großer Stolz und weiter machte er sich keine Gedanken. Aber nun, wenn er über die mysteriösen Zahlungen von Kurt auf Maritas Konto nachdachte, fiel ihm ein, dass Kurts Augen braun waren. Angefangen von dem Datum, an dem die Überweisungen begonnen hatten, rechnete er die Zeit zurück.

Die Wahrheit lag vor ihm, er wollte sie nicht greifen. Seit einigen Tagen herrschte im Haus ein reges Kommen und Gehen. Oskar registrierte die Besucher längst nicht alle. Keiner ahnte etwas von den neuerlichen Erkenntnissen, die Oskars Traurigkeit noch schwerer machte als sie durch die Krankheit seiner Frau ohnehin schon war.

Lilli ahnte von all diesem nichts. Sie versuchte, sich nicht in ihrem Kummer zu verlieren, es gelang ihr nicht. Oskar wollte trösten: „Wenn du weinst, siehst du fast genauso aus wie damals als kleines Mädchen." „Hab' ich denn früher so oft geheult?", wollte Lilli wissen. Sie erinnerte sich gerne an ihre Kindheit. Es war, als würde die Zeit dann für eine Weile zurückgedreht und der Kummer über die Krankheit der Mutter rückte ein kleines Bisschen in die Ferne. Oskar nahm ihre Hand. „Weißt du noch, unser Urlaub in Österreich. Du hast stundenlang am Bach gespielt, der durch die Wiesen hinter dem Haus floss." „Mama bastelte mir Puppen aus Heu, weil ich meine zuhause vergessen hatte", erinnerte sich Lilli. Oskar lächelte: „Auf der Weide grasten Kühe und die begannen, sich für deine Strohpuppen zu interessieren. Ich sehe dich noch heute, wie du sie mutig mit einem Stock verjagt hast." Lillis Gesicht erhellte sich während der Erzählung, ihr Vater beeilte sich fortzufahren. „Dabei hast du die Tiere immer gemocht. Eines Abends gingen wir beide Milch beim Bauern holen. Im Stall stand ein kleines, neugieriges Kälbchen. Du wolltest partout nicht, dass ich es streichele." Lilli wurde lebhaft. „Ich weiß noch genau, der Bauer war gekommen und hat gesagt ‚morgen wird das Kalb verkauft'. ‚Warum?' hab ich gefragt und du hast erklärt, dass es dann geschlachtet würde. Das fand ich unerträglich." Oskar war froh, dass Lillis Gedanken, wenn auch nur für einen Augenblick, in andere Bahnen gelenkt waren. Oskar sah noch das tränennasse Gesichtchen vor sich, als die Kleine ihn verzweifelt fragte. „Papa, warum streichelst du ein Kälbchen, wenn es morgen verkauft und geschlachtet wird?" „Diese komischen Ideen hat sie von dir", hatte er abends, als er von dem Vorfall erzählte, Marita zärtlich vorgeworfen.

Oskar fiel auf, dass er erneut an einer roten Ampel neben dem Viehtransporter zum Stehen gekommen war. Die Straßen der Stadt waren völlig verstopft, die Autos kamen nicht schneller voran als die Fußgänger. Zum Schlachthof müssten sie nicht hier lang fahren, der liegt außerhalb der Stadt, dachte sich Oskar. Das Blöken kam ihm extrem laut vor, er erinnerte er sich an eine Diskussion mit Marita.

Bei einem Abendessen im Freundeskreis ging es um Toleranz in der Ehe. „Bei euch funktioniert das doch gut, Marita ist Vegetarierin und Oskar isst Fleisch!", meinte einer der Gäste. Marita sprach nicht gerne darüber, dass sie seit Jahren vegetarisch lebte und lenkte die Unterhaltung schnell in eine andere Richtung. Später am Abend beim Aufräumen kam Oskar noch einmal darauf zurück: „Ganz verstehen kann ich dich nicht. Wenn die Sprache auf dein Vegetarierdasein kommt, ist von deinem sonstigen Humor überhaupt nichts mehr übrig." Marita entgegnete: „Die Sache ist mir zu ernst um es zum Gegenstand oberflächlicher Tischunterhaltung oder Partydiskussionen zu machen, wo sich ohnehin nichts ändern würde." Oskar meinte versöhnlich: „Jeder kann schließlich essen, was er will." Er machte einen Schritt auf Marita zu und wollte sie umarmen.

Ihre heftige Reaktion überraschte ihn: „Genau dieses Argument funktioniert nicht. Denn, während die Menschen ihren freien Willen ausleben und Fleisch essen, fragt keiner die eigentlich Betroffenen, nämlich die Tiere." Oskars skeptische Blicke nahm Marita zum Anlass, fortzufahren: „Im 19. Jahrhundert konnte ein Mann sagen, ‚ob ich meine Frau schlage oder nicht, ist meine Sache und geht niemand etwas an'. Oder, als es in Amerika die Sklaverei gab, dachten die weißen Besitzer, es wäre alleine ihre Sache, wie sie mit ‚ihrem Eigentum' umgingen. Nur die schwarzen Menschen fragte keiner." „Das ist etwas völlig anderes", entgegnete Oskar, obwohl er keinen Streit wollte, „da ging es doch immer um Menschen!" Marita ließ sich nicht beirren: „Die Gesellschaft entwickelt sich eben. Wenn uns Menschen einmal klar wird, was wir jahrein jahraus tagtäglich Tausenden fühlenden Kreaturen an Leid zugefügt haben …"

Unnötige Auseinandersetzungen, die unnötig Zeit in Anspruch genommen haben, dachte Oskar. Er sah auf die Uhr und stellte fest, er musste sich noch mehr eilen, wenn er pünktlich kommen wollte. Oskar beschleunigte seine Schritte. Das Thema, ob Fleisch vom Speisezettel verschwinden sollte oder nicht, hatte sich bald von alleine erledigt, sobald Marita krankheitsbedingt so gut wie gar nichts mehr aß und innerhalb weniger Monate völlig abgemagerte. Oskar grübelte darüber, wie sie es all die Jahre geschafft hatte, ihre im Übrigen hochmoralische Einstellung mit einer dicken Lebenslüge in Einklang zu bringen.

Zu dem Regen gesellte sich ein kalter, böiger Wind. Oskar dachte über Doppelmoral nach. Auch er konnte sich nicht frei davon sprechen. Da hatte es einmal ein Erlebnis mit einer fremden schönen Frau gegeben. Oskar gestattete sich nicht oft, an dieses Abenteuer zu denken. Es passierte ausgerechnet zu der Zeit, als Marita schwanger war und Oskar schämte sich im Nachhinein sehr. Wenn er seine Erinnerungen daran ganz tief in sich vergrub, war es so, als hätte diese eine Nacht nie stattgefunden. Die Frau war ihm für immer eine Unbekannte geblieben und sonst wusste niemand von seinem Fehltritt. Wenn er also selbst sich nicht mehr damit befasste, gab es keine Erinnerungen mehr, weder die schönen noch die schmerzlichen. Vielleicht war es ja auch bei Marita so gewesen, dass sie durch ihr Schweigen versuchte, einen Betrug, den sie begangen hatte, ungeschehen zu machen.

Oskar wollte so gerne an seiner schönen Vergangenheit mit Marita festhalten. Jedoch, er wusste nicht, ob es sich beim Verrat seiner Frau um ein einmaliges Ereignis gehandelt hatte. Die regelmäßigen Einzahlungen, die Kurt auf Maritas Konto tätigte, sprachen gegen diese Annahme. Besuchte Marita wirklich jedes Mal ihre Schwester und ging mit ihren Freundinnen aus, wenn sie es sagte?

Nun ging es vor allem um Lilli, seine Tochter, sie war das Wichtigste für ihn auf der ganzen Welt. Sollte er den Vaterschaftstest machen? Was würde das Ergebnis ändern? Lilli war in der Ehe geboren und galt damit gesetzlich als seine Tochter. Außer, jemand würde das Gegenteil beweisen. Lilli würde innerhalb kurzer Zeit Mutter und Vater verlieren. Wer würde von einem Test profitieren?

Oskar entschied sich sehr schnell gegen einen Vaterschaftstest. Er wollte lieber weiter mit einer Lüge und einem Geheimnis leben, als ganz alleine in der Welt zu sein. Er überlegte, inwieweit sich seine Einstellung zu seiner verstorbenen Frau ändern würde oder müsste. War es legitim mit dem, was er jetzt wusste, weiterhin seinen schönen Erinnerungen nachzuhängen? War es richtig gewesen, Marita nicht stärker mit der Frage, welcher Art ihre Beziehung zu Kurt gewesen war, zu konfrontieren. Hätte er mit etwas mehr Hartnäckigkeit eine Antwort erhalten?

Nun musste er mit Ungewissheiten leben, die ihn bis ans Ende seines Lebens begleiten würden. Vor ihm gingen zwei Mädchen, Teenager, sie unterhielten sich angeregt und giggelten unbeschwert. Ein Pärchen, ebenfalls noch jung, kam ihm entgegen. Sie hielten sich an den Händen und waren sehr verliebt. Schirme brauchten sich nicht. Wie kam es, dass manche Menschen so glücklich sein können, ohne etwas von dem Leid anderer zu ahnen, auch wenn sie sich ganz in der Nähe zueinander befanden?

Es war eine Frage der Perspektive, gab er sich selbst die Antwort. Die Welt sah immer ganz anders aus, je nachdem, wer sie betrachtete. Er stand schon wieder an einer roten Ampel. Neben ihm hielt ein rotes Cabriolet. Obwohl das Dach geschlossen war, sah Oskar einen Mann und eine Frau, die sich offenbar stritten. Die Frau gestikulierte mit ihren Händen, während der Mann am Steuer lediglich den Kopf schüttelte und sich sonst anscheinend auf die Ampel konzentrierte. Der Viehtransporter war auch wieder da. Aus dem Inneren blökte es laut, und diesmal glaubte Oskar, in den Rufen der Schafe die Angst mit zu spüren.

Ich drehe langsam durch, schalt er sich. In seinem Kopf summte ein kleines Lied, dass Marita Lilli immer vorgesungen hatte, wenn das Kind sich verletzt hatte und auf dem Schoß der Mutter getröstet werden wollte. Der Refrain erinnerte daran, dass, wie groß ein Schmerz im Augenblick auch sein mochte, in einhundert Jahren garantiert nichts mehr davon übrig wäre: „Heile heile Gänsje, 's wird schon wieder gut …" und „… in hundert Jahr ist alles weg."

„Muss ich jetzt wie ein Tier auf dem Weg zum Schlachter darauf warten, dass ich tot bin, bevor ich nicht mehr leide?", fragte sich Oskar. Der Gedanke war nicht schön. Er ging weiter durch den Regen bis zu dem Haus mit der alten, soliden Eichentür. Ein blank poliertes großes Messingschild zeigte an, dass er beim Notariat Zobel und Söhne angekommen war. Lilli wartete bereits. Marita hatte ein Testament gemacht und das sollte heute eröffnet werden. „Bringen wir es hinter uns." Oskar umarmte seine Tochter und merkte, wie sie sich in seinen Armen versteifte. Er ließ von ihr ab und drehte sich so, dass er mit ihr in die gleiche Richtung schaute. Ein Mann war soeben um die Ecke gebogen und näherte sich ihnen nun mit festen Schritten. Es war Kurt Röhrig.

Wahrheit, Schmerz und Zeit

oder:
Was ist Wahrheit und wo geht sie hin,
wenn die Zeit die Wunden heilt, die sie geschlagen hat?

Die Zeit heilt alle Wunden
Und wenn das Leid von dannen zieht,
wohin geh'n dann die Stunden?
Und nehmen sie die Wahrheit mit,
die mit dem Schmerz verbunden?

Wenn Schmerz vergeht,
ist Wahrheit nicht mehr wichtig?
Und wenn man sagt, es gibt sie nicht,
ist dieser Satz dann richtig?

Ich glaube gar, wer Solches spricht,
der hat am Ende recht.
Wenn's für uns nicht
DIE Wahrheit gibt,
ist das nicht einmal schlecht.

Vielleicht ist dann am Ende gar
auch Zeit nur Illusion.
Weil Menschlein es sonst nicht verstehn,
und was ist „es"?
Wer weiß das schon.

Wenn Zeit nicht ist,
wie hilft sie Seelen, die tief trauern?
Muss denn dann
ihr schlimmer Schmerz
in Ewigkeiten dauern?

*Was wäre, wenn
Wahrheit und Zeit
vereint zu zweit,
an einem Ort,
wo nichts und niemand weint
und ohne zu bereuen,
mit allem, was da ist und war,
sich dieser Welt erfreuen!*

Vom Mut der Sanften

Es kam die Zeit, da hatte sich das Leben der Menschen so sehr verändert, dass der Wohlstand, der noch zu Beginn des Jahrhunderts in den meisten Ländern Europas geherrscht hatte, wie ein Märchen aus einem Schlaraffenland längst vergangener Tage klang.

Zunächst hatten die großen sozialen Unruhen nur bestimmte Gebiete am Rande der Städte erfasst. Der Rest der Bevölkerung war ebenfalls von der Verarmung betroffen. Aber, solange es soziale Schichten gab, von denen man sich abgrenzen konnte, weil dort noch größere Armut herrschte, und solange die Grundbedürfnisse nach Nahrung und Wärme einigermaßen befriedigt werden konnten, blieb es in den Dörfern und Vorstädten friedlich. Dann sah sich die Regierung, die inzwischen von den Medien inoffiziell in „die Behörde" umgetauft worden war, gezwungen, noch größere Sparmaßnahmen anzuordnen. Diese trafen alle Menschen, sofern sie nicht zu einer kleinen Oberschicht gehörten, deren Mitglieder von allen unangenehmen Änderungen verschont blieben. Als Eintrittskarte in diesen elitären Kreis zählte Geld. Wer viel Geld hatte, konnte sich von korrupten Mitgliedern der Behörde, von denen es zunehmend mehr gab, Sonderrationen und Sonderregelungen erkaufen. Die meisten Menschen mussten inzwischen um ihr tägliches Essen kämpfen, sogar das Trinkwasser wurde zeitweilig rationiert. Regelmäßigen Strom gab es auch nicht mehr.

Es regte sich Widerstand in der Bevölkerung. Allerdings nutzte der den Menschen nicht viel. Kürzliche Verordnungen hatten die politischen Freiheiten weitgehend eingeschränkt. Begründet wurde dies mit Vorsichtsmaßnahmen, um Spionage und feindliche Infiltration zu verhindern. Ein Parlament existierte noch pro forma. Es wurde vom Volk inzwischen nur alle 6 Jahre gewählt. Die Aufgabe des Parlaments bestand in der Hauptsache darin, die Anweisungen der Behörde umzusetzen.

Unter den Campern, die in ihren Wohnwagen und Wohnmobilen auf einem von Wald umsäumten Plateau hoch über dem Fluss ausharrten, waren politische Gespräche an der Tagesordnung. Meist ging es darum, sich über die Entwicklung, die die Gesellschaft durchmachte, zu beklagen.

„Die Regierung heißt nun ‚die Behörde'. Und wieso?" Der Sprecher beantwortete seine eigene Frage. „Weil die ‚Regierung' immer weniger regiert und die vom Volk gewählten Vertreter immer weniger Macht haben, politische Entscheidungen zu treffen und auch durchzusetzen. Dieses Privileg liegt längst in der Hand anderer, durch unermesslichen Reichtum mächtig gewordener, Menschen."

Der so sprach, erhielt kaum Gegenwind, sondern wurde von seinen Nachbarn bestätigt. „Die Aufgaben der Regierung beschränken sich mehr und mehr auf die bloße Verwaltung der ständig geringer werdenden Ressourcen und die Aufrechterhaltung der öffentlichen Ordnung."

„Das wird natürlich immer schwieriger. Je mehr der Lebensstandard sinkt, umso mehr müssen sie für Polizei, Armee und die Gefängnisse ausgeben," meinte eine Frau.

„Auf alle Fälle sorgen sie dafür, dass genug übrig bleibt, um die eigenen Taschen zu füllen!", fügte jemand anders hinzu, der sicherstellen wollte, dass auch nicht ein Funke Verständnis aufkam für die schwierige Arbeit, die das Regieren und Organisieren in diesen Tagen von jenen Menschen, die an politischen Schaltstellen saßen und nicht korrupt waren, erforderte.

In der letzten Zeit hatten die kriegerischen Auseinandersetzungen wieder zugenommen. Wer nicht direkt von Kampfhandlungen betroffen war, fürchtete sich vor Eskalationen, die auch das bescheidene Leben, das sich gerade noch mit Mühe und Not aufrechterhalten ließ, im Chaos einer Apokalypse versinken lassen würde.

Mit einer Decke unter dem Arm trat Zaida aus ihrem Wohnwagen, der nun ihr Zuhause war. Die Sonne ging unter und verwandelte die Waldwiese, auf der sich das Camperlager befand, in goldenes Oktoberlicht. Zaida war dankbar, sie hatte noch genügend Gas für die Standheizung in der Flasche, um es sich gemütlich zu machen. Zuerst wollte sie sich aber mit den anderen am Lagerfeuer treffen und erfahren, welche neuen Verordnungen sich die städtische Behörde für die „Nichtgechipten", die in Zelten, Wohnmobilen und Wohnwagen auf diesem ehemaligen Campingplatz lebten, ausgedacht hatte.

Von der ehemaligen Idylle der 4 Sterne Anlage am Waldesrand auf einem Hügel oberhalb der Stadt und des Flusses war nicht mehr viel übrig. Der Minigolfplatz sowie die großzügig angelegten Parkanlagen waren zu Nutzgärten umfunktioniert worden. Der Swimmingpool diente als Wasserreservoir. Lediglich den Kinderspielplatz hatte man belassen.

„Auf Fernsehen hat man ja heutzutage überhaupt keine Lust, selbst wenn du eine Satellitenanlage auf deinem Wohnwagen hast", beschwerte sich ein älterer Mann, der, obwohl er etwas gebeugt ging, über eine erstaunlich drahtige Gestalt verfügte. „Früher gab es außer den ‚Öffentlich Rechtlichen' wenigstens noch die Privatsender", sagte seine Frau. Sie war etwas fülliger und stützte sich auf einen Stock. Der Mann stellte ihr den zerschlissenen Klappstuhl, den er für sie getragen hatte auf. Er grinste und meinte: „Was würdest du jetzt für eine neue Folge von ‚Bauer sucht Frau' geben, eh?"

Ein etwas jüngerer Mann, der sich auf einem Baumstumpf niedergelassen hatte, schaltete sich in die Unterhaltung ein. „Und außerdem drehen sie uns während der Hauptsendezeit den Strom ab. Die Behörde macht das absichtlich."

„Sie sagen ja in den Nachrichten, der Strom wird aus Sparmaßnahmen abgestellt", meinte die Frau, die es sich mittlerweile in ihrem Klappstuhl bequem gemacht und eine Decke über ihre Knie gelegt hatte. Der sarkastische Tonfall in ihrer Stimme ließ erkennen, dass sie selbst ihren Worten nicht glaubte.

Ihr Mann pflichtete ihr bei: „Merkwürdigerweise haben sie für die Stadt da unten genügend Strom, nur bei uns paar Hanseln hier auf dem Berg, auf dem ehemaligen Campingplatz, scheint er knapp zu werden. Ist mal wieder reine Schikane."

„… die uns zum Aufgeben zwingen soll – und das bei einigen auch schaffen wird", vollendete ein dritter, der sich zu dem Grüppchen gesellte, den Satz. Er kratzte sich wiederholt am linken Unterarm. Da hatte er eine Wunde, sie war nicht groß, aber im Begriff sich zu entzünden. Der junge Mann war vor kurzem vom Tal zu der Gruppe auf den Berg gezogen. Er hatte zuvor in der Stadt gewohnt und die Annehmlichkeiten, die den Bewohnern dort noch geboten wurden, genossen. Erst als die freiheitlichen Einschränkungen so gravierend wurden, dass er das Gefühl bekam, nicht mehr atmen zu können, hatte er sich dazu entschlossen, der Stadt den Rücken zu kehren und lieber den Problemen der rebellischen Berggruppe ins Auge zu sehen.

„Wenn die Freiheit Schritt für Schritt weggeht, merkt man es manchmal gar nicht, vor allem, wenn die Maßnahmen, die diesen Verlust bewirken, anscheinend begründet werden", sagte er und genoss die Aufmerksamkeit der Menschen, die um ihn herumstanden. „Sie sagen, du darfst abends nicht mehr heraus, wegen der Sicherheit, weil die Straßenbeleuchtung ausgeschaltet wird und man nicht erkennen kann, ob einem Freund oder Feind begegnen. Du gehst nur an bestimmten, dir zugeteilten Tagen einkaufen, damit die Lebensmittel gerechter verteilt werden können. Du traust dich nicht, nach Gründen zu fragen, oder ob die Dinge sich wirklich so verhalten, damit du nicht als Spion oder Querulant verdächtigt wirst."

„Und wieso hast du dir den Chip setzen lassen?", wollte die Frau, die neben ihm stand, wissen.

„Genau genommen war dies sogar der Auslöser dafür, dass ich mich aus dem Staub gemacht habe." Der junge Mann trank dankbar einen Schluck aus der Thermosflasche, die die Frau ihm reichte.

„Das mit dem Chip habe ich von Anfang an widerwillig akzeptiert. Zuerst war es wie eine Smartwatch, die ums Handgelenk getragen wurde. Das kleine Gerät gab es in verschiedenen Farben und Designs und sollte dem Träger ersparen, eine Menge Papierdokumente mit sich herumschleppen zu müssen. Neben Personal- und Impfausweis sowie Gesundheitsdaten speicherte es auch die Zuteilungsraten für Lebensmittel, Treib- und Brennstoff, die dir zustanden sowie die Mengen, die du bereits erhalten hattest."

Das Thema „Bürgermessungsgerät" interessierte immer mehr Menschen und die Zuhörer bildeten eine Traube um den jungen Mann, der bereitwillig weitererzählte.

„Dann berichteten die Medien, die Verpflichtung zum ständigen Tragen der Uhr, sobald man das Haus verließ, verursache Allergien und behindere beim Sport. Um die Persönlichkeitsrechte der Menschen zu wahren, wurde deshalb eine Alternative zu dem ‚Bürgermessungsgerät', wie es inzwischen ja offiziell heißt, entwickelt. Dabei handelt es sich um eine kleinere Variante, die gegen eine Zuzahlung zu erhalten ist und die so gut wie unsichtbar innen am Unterarm unter der Haut eingesetzt wird."

Der junge Mann lachte zynisch. „Es war beinahe so etwas wie ein neues Statussymbol. Das Tragen des unsichtbaren Chips signalisierte, man hatte genügend Geld für diese Extraausgabe. Er bedeutete ein kleines Stück bezahlbare Freiheit."

„Bzw. die Illusion davon", warf die Frau auf dem Klappstuhl ein.

„Stimmt, und sobald ich das verstanden habe, entfernte ich das Ding sofort."

„Sieht so aus, als hättest du es selbst gemacht." Eine ältere Frau begutachtete unaufgefordert die Wunde des jungen Mannes.

„Das sieht nicht nur so aus", gab er zu. „In der ganzen Stadt fand ich keinen Arzt, der sich traute, diesen Behördenchip herauszunehmen, obwohl das offiziell nicht verboten ist."

„Und wieso konntest du dann keine ärztliche Hilfe finden?"

„Bei der Zuteilung von Medizin und Verbandmaterial werden die Ärzte und Ärztinnen bevorzugt bedacht, die sich problemlos in das System einfügen und die Maßnahmen der Behörde unterstützen. Also unternehmen die meisten nichts, was dazu führen würde, dass sie ihre Patienten nicht mehr versorgen können. Nun, jedenfalls ich habe mir das Mistding schließlich selbst rausgerissen."

„Und jetzt wird es entweder eitern oder sich entzünden, falls du nichts unternimmst," sagte die ältere Frau. Sie trug eine Umhängetasche, aus der sie ein kleines Päckchen zog.

„Hier, lege dir das auf den Arm", sagte sie und reichte dem jungen Mann einen Umschlag, aus dem eine braune Flüssigkeit tropfte.

„Sieht komisch aus und riecht nach Wald", sagte er.

„Es wird dir guttun", ermunterte die Frau und der Mann tat, wie ihm geheißen. „Es kühlt, das ist schön", freute er sich.

Zaida verhielt sich ruhig. Außer ihr gab es im Camp so gut wie keine alleinstehenden Frauen, und junge erst recht nicht. Zaida war froh, im Laufe der vergangenen Wochen und Monate zu einem akzeptierten Mitglied der Gruppe geworden zu sein. Dankbar, sich nicht mehr den anfänglichen argwöhnischen Blicken ausgesetzt zu sehen, achtete sie sorgsam darauf, den jungen Müttern, die mit ihren Kindern und Ehemännern in den Zelten und Wagen ringsum wohnten, nicht den geringsten Anlass zur Eifersucht zu geben. Schwer fiel ihr das nicht, denn Zaida verbrachte ihre Tage und Nächte damit, sich Sorgen um Kevin zu machen. Würde er es heute Abend schaffen zu kommen?

Sie hatten sich kennengelernt, als Zaida während einer Exkursion in die Stadt in die Fänge der Behörde geriet. Den Campern vom Berg waren nur noch sogenannte, „essenzielle Gänge" erlaubt und der Wachtposten glaubte nicht, dass Zaida lediglich auf dem Weg in die Apotheke war, um ein wichtiges Medikament für eine Nachbarin zu besorgen.

„Warum kommt sie nicht selbst?", fragte der junge Uniformierte verächtlich und starrte sie lüstern an.

„Ihre Kinder können nicht ohne Aufsicht sein", sagte Zaida.

„Gibt es keinen Vater?"

In Zaida kochte es. Sie wollte diesen Schnösel, der sich in der neuen Macht, die ihm die Uniform und der Posten gaben, suhlte, in die Schranken weisen. Aber, diese Schranken gab es nicht mehr.

„Der Vater ist krank", erklärte sie und war heilfroh, als der Vorgesetzte des Beamten einschritt.

„Lass gut sein, Markus. Liebe Frau, Sie können gehen", waren Kevins erste, etwas gestelzte Worte an Zaida.

So war das anfängliche Gefühl, das Zaida mit Kevin verband, große Erleichterung. Es gab Gerüchte, dass in den Verhörräumen der Behörden für die Menschen, die das Pech hatten, dorthin bestellt zu werden, die Grundrechte immer weniger galten. Im Camp gab es einige, die erst nach Tagen wieder heimgekommen waren und nicht über ihre Erfahrungen sprachen.

„Aber von morgens bis abends in der „Demokratischen Stimme" auf angeblich existierenden freiheitlichen Grundätzen herumreiten …", meldete sich der Mann auf dem Baumstumpf wieder zu Wort.

„Heute hieß es, neueste Berechnungen hätten ergeben, das Schlimmste wäre, dank der umsichtigen und von der großen Mehrheit der Bevölkerung unterstützten Maßnahmen der Behörden, bald vorbei. Mit Voranmeldung dürften sogar demnächst die meisten Geschäfte wieder besucht und das öffentliche Transportsystem benutzt werden."

Der Sprecher bezog sich auf den einzigen noch existierenden öffentlich-rechtlichen Sender, zu dem sich während der Krise alle anderen nicht-privaten Fernseh- und Rundfunkanstalten zusammengeschlossen hatten.

Einige reagierten mit höhnischem Lachen. Die Stimmung im Camp war aufgeheizt. Alle hörten die offiziellen Nachrichten, glauben tat ihnen niemand. Zug um Zug waren in den vergangenen Monaten die Nachrichtensprecher und -sprecherinnen ausgetauscht worden, von den alten bekannten Gesichtern gab es so gut wie keine mehr. Was sie erzählten, beurteilten manche als völlig übertrieben dargestellt.

„Indem sie uns weismachen, der Weltfriede sei bedroht und durch die Klimaveränderung gehe die Welt demnächst unter, wollen sie von ihren wirklichen Machenschaften und der herrschenden Korruption ablenken."

Andere im Camp hielten das Gegenteil für wahr. Sie glaubten, die Welt stünde, durch die Klimakrise, kurz vor dem Untergang, ganz Europa wäre unmittelbar von Kriegshandlungen bedroht und lebten in ständiger Angst. Innerhalb dieser Gruppe machte sich zuweilen Defätismus breit, den die Menschen zu verdrängen suchten, indem sie wilde Partys feierten, bei denen ausschweifende Exzesse keine Seltenheit waren.

Diese beiden Gesinnungslager standen sich oft feindselig gegenüber und es kam innerhalb des Camps zu Streitigkeiten. In erster Linie war es der große Druck von außerhalb, der bewirkte, dass es zu keinen ernsthafteren Ausschreitungen kam und die Menschen trotz ihrer Meinungsverschiedenheiten schließlich doch wieder zueinander fanden.

Die Diskussion ringsum schlug hohe Wellen, jeder war mit den eigenen Redebeiträgen und Argumenten beschäftigt, keiner achtete auf Zaida. Sie hatte Angst. Sie war verliebt und die Beziehung zu Kevin gestaltete sich aufgrund der äußeren Umstände kompliziert. Ihr Liebhaber gehörte zu den Menschen in der Stadt. Er war sogar ein ziemlich ranghohes Mitglied der Behörde. Wie an jedem Tag, an dem sie sich treffen konnten, würde Kevin sich auch heute, wenn er es schaffte, aus der Stadt herauszukommen, bis zu ihr durchschlagen. Auf keinen Fall durfte er einem Wachposten des Camps begegnen.

Zaida erhob sich, zog die Decke etwas enger um ihre Schulter und entfernte sich unauffällig vom Feuer. Sie lief zu ihrem verabredeten Treffpunkt.

Ein Zweig knackte, ein Ast wurde raschelnd beiseitegeschoben und da stand er im Mondlicht. Kevin, ihr kluger, mutiger und einfühlsamer Geliebter. Als er Zaida in die Arme nahm und küsste, lag in seiner Leidenschaft eine Ernsthaftigkeit, die Zaida aufmerken ließ. In den vergangenen Jahren war Kevin zu einem einflussreichen Mitglied der Behörde aufgestiegen. Er gehörte der „Neuen Exekutive" an, einer Eliteeinheit, der nicht nur besonders fähige Polizeibeamte, sondern, dank einer erfolgten Grundgesetzänderung, auch Bundeswehrsoldaten und -soldatinnen angehörten, sofern sie sich freiwillig meldeten und ihre „Gesinnungsdiskussion" erfolgreich bestanden. Kevin war früher Kripo-Beamter gewesen. Als er der Aufforderung, sich der Neuen Exekutive anzuschließen, nachkam, stellte dies für ihn eine beachtliche Beförderung dar. Später bereute er diesen Schritt.

„Hätte ich mich doch bloß nicht durch das Geld und die Versprechungen blenden lassen und mehr Charakterstärke gezeigt!"

Zaida verteidigte ihren Freund vor sich selbst: „Für andere hast du immer viel Verständnis, nur mit dir gehst du so streng ins Gericht. Als du den Job angenommen hast, war nicht bekannt, wohin das alles führen würde."

„Ich dachte wirklich, wir würden den Menschen helfen, durch diese Krisen zu kommen und die Bevölkerung von Übergriffen der, wie sie damals hießen, ‚kriminellen Abtrünnigen' schützen."

„Deine Zugehörigkeit zur ‚Neuen Exekutive' hat durchaus Vorteile für uns", tröstete Zaida. „Durch dich gelangen wir hier oben auf dem Hügel in den Besitz von wichtigen Informationen. Schade, dass niemand wissen darf, woher sie stammen."

Für eine Weile hingen Beide ihren Gedanken nach. Schließlich beendete Zaida die Stille: „Macht es dich nicht wütend, dass wir uns verstecken müssen und auch die Menschen im Camp nicht wissen dürfen, wie sehr du uns hilfst?"

„Sie würden es nicht verstehen. Die Menschen haben Angst. Und wenn sie sich fürchten, suchen sie Halt in einer Gruppe. Dazu muss man sich abgrenzen und das bedeutet Ausgrenzung von anderen Menschen. Gegen diese Polarisierung kommst du mit logischen Argumenten nicht an. Die Menschen halten sich an ihren Vorurteilen fest, um nicht in ihren Grundfesten erschüttert zu werden."

Zaida reagierte frustriert. „Manchmal geht mir dein Verständnis für die blöde Menschheit auf die Nerven."

Kevin ließ sich nicht beirren. „Keine Sorge, mein Kampfgeist ist noch da. Wenn es sein muss, hole ich ihn ratzfatz hervor, vor allem, wenn es um dich geht."

Zaida spürte, Kevin hatte Lust auf einen Themenwechsel. „Dagegen, in aller Offenheit dein weiches Bettchen zu teilen, hätte ich wirklich nichts einzuwenden", sagte er lächelnd und zog Zaida ganz nahe an sich heran."

Plötzlich wurde er jedoch wieder ernst. „Zaida, eins muss euch klar sein. Noch reden die Behörden ihre Vorhaben schön. Tatsächlich sind die rigidesten Maßnahmen längst geplant und stehen kurz vor der Verwirklichung. Was die ärztliche Grundversorgung angeht, wird die Bevölkerung endgültig in dauerhafte Gruppen eingeteilt. Dabei wird nicht nur der aktuelle Gesundheitszustand eine Rolle spielen, sondern auch, inwieweit sich die Personen in der Vergangenheit positiv oder negativ über die Behörden geäußert haben."

„Das trauen die sich ernsthaft? Die Gesundheitsversorgung offiziell von der politischen Einstellung der Leute abhängig zu machen?"

„Und ob! Die Einführung dieser Regelungen verlief problemlos. Die Begründung lautet, Ressourcen, die für Menschen ausgegeben werden, die mit ihrem Lebenswandel die Behörde und damit die Allgemeinheit unterstützen, kommen auf Umwegen diesem Gemeinwohl wieder zugute."

Zaida, obwohl schon lange an schlechte Nachrichten gewohnt, schaute entsetzt. „Unsere Konten auf Facebook, Twitter und Instagram sind doch gelöscht, oder?"

Kevin schüttelte den Kopf. „Die sozialen Netzwerke existieren nur für uns, die früheren Nutzer, nicht mehr. Sie wurden abgeschaltet, die Einträge gibt es nach wie vor. Sie werden jetzt von eigens dazu ausgebildeten früheren Beamten durchforstet."

Eine Wolke schob sich vor den Mond, sodass die Liebenden

sich kaum mehr sehen konnten. Kevin tastete nach Zaidas Hand. „Die Ausgehbeschränkungen werden immer strenger, sie rechtfertigen es, indem sie sagen, sie wollen den Andrang im öffentlichen Raum und damit die Gefahr vor Infektionen, reduzieren. Wer wann dran sein wird, einen Teil der alten Freiheiten wenigstens für eine Weile wieder zu genießen, erfahren die Menschen über eine App auf ihre Empfangsgeräte. Aus Datenschutzgründen werden wir jedoch nur Zugang auf diese App durch einen individuellen Code haben, den die Menschen über ihren implantierten Chip zugesendet erhalten."

„Und die Nichtgechipten gucken mal wieder in die Röhre", regte sich Zaida auf.

Kevin musste ihr beipflichten. „Die Regierung macht mittlerweile keinen Hehl mehr daraus, dass den Ungechipten das Leben so schwer wie möglich gemacht werden soll, damit sie ihrer sozialen Verantwortung gegenüber der Gemeinschaft gerecht werden und sich den neu geltenden Regeln fügen. Die Anzahl der Kontrollpunkte, über die die ‚Renegates' in die Städte kommen können, wenn es unbedingt einmal sein muss, wird weiterhin verringert werden."

„Das wollen sie wirklich mit allen noch unabhängig lebenden Gemeinschaften überall im Land durchführen?"

Kevin nickte, „So viele sind das mittlerweile gar nicht mehr."

Zaida war verzweifelt. „Wenn die Wartezeiten an den Posten vor der Stadt noch länger sind, bedeutet das, wir können uns nicht mehr bei dir treffen, ohne dass sie im Camp von meinem ‚Ausflug' erfahren!"

„Liebes, da ist noch etwas", es fiel Kevin sichtlich schwer, weiterzusprechen. Er hielt Zaida fest im Arm, streichelte ihre Haare und sie küssten sich.

„Lass uns ein wenig gehen", schlug Kevin vor, als sie endlich voneinander ließen. „Ihr werdet demnächst mit weiteren Problemen zu tun haben", sagte er schließlich.

Sie kamen an einem Holzstoß vorbei, dessen Baumstämme

noch nicht vermodert waren. Kevin setzte sich hin und zog Zaida neben sich. Der Himmel war klar. Weil zu so später Stunde der Strom auch in der Stadt gedrosselt wurde, sah man den Mond und die Sterne deutlich. Es war jedoch nicht die Zeit für Romantik.

„Die Behörde wird das Camp nicht länger bei der Wasserversorgung unterstützen. Sie sagen, ihr hättet genug Wissenschaftler unter euch, die wüssten, wie man Wasser wieder aufbereitet."

„Das ist doch Unsinn. Wenn wir kein Wasser kriegen, können wir hier nicht mehr weiterleben."

Kevin nickte. „Genau darum geht es. Man hat Angst, eure ‚abtrünnige' Art zu denken und zu leben, könnte Schule machen, bei den Menschen im Tal Erinnerungen an Früher wecken. Der Vorsitzende des Stadtgremiums sagte bei der letzten internen Sitzung wörtlich. ‚Strenge Maßnahmen werden auf Dauer nicht ausreichen. Verbotenes hat immer seinen Reiz. Die Ideen der Camper verschwinden erst dann, wenn die Camper verschwinden. Dazu kommt, die Lebensmittelversorgung ist bei Weitem nicht so gesichert, wie immer gesagt wird. Jeder Esser weniger, zögert die totale Verknappung ein wenig heraus."

Kevin machte bewusst eine Pause, um seinen Worten Gewicht zu verleihen. „Zaida, das Gute an eurer Situation ist, dass ihr alle mobil seid. Ihr wohnt in Zelten und Wohnwagen. Ihr habt Autos. Viele gehen mit Strom. Benzin gibt es an den Tankstellen auch *noch*. Geht, solange man euch in Frieden ziehen lässt."

Zaida starrte ihren Geliebten ungläubig an. „Wo sollen wir denn hin? Wir erfahren doch gar nichts mehr darüber, wie es woanders ist!"

„Ich schlage vor, zieht Richtung Süden, nicht zu weit, bleibt in Gebieten, in denen es noch genügend Regen gibt. Im Moment sieht es in Südfrankreich und Nordspanien ganz gut aus." „Was ist mit Landesgrenzen? Gibt es die noch? Kommt man da durch?"

Kevin hatte dahingehend Informationen. „Offiziell gibt es auch im Süden lediglich eine Behörde, die wie ein Moloch alle Macht an sich reißt. Aber, laut der geheimen Berichte der Neuen Exekutiven, tun sich auf lokaler Ebene mitten im Chaos Nischen und Möglichkeiten auf. Zieht über die Pyrenäen, die Wachposten an den kleinen Grenzübergängen könnt ihr bestechen. Sie werden nicht mehr regelmäßig bezahlt und sind offen für Vorschläge."

Zaida konnte es immer noch nicht fassen. „Kevin, wie soll ich das den anderen erklären? Ich werde sie niemals dazu bewegen können, hier alles aufzugeben und mit Sack und Pack loszuziehen. Was wird aus uns?"

Eine Weile sagten sie beide nichts und lauschten den Geräuschen der Nacht.

„Ich komme mit!" Kevin sprang auf und holte hinter dem Holzstoß einen großen, prall gepackten Rucksack hervor. Am Himmel blinkte ein helles Licht. Handelte es sich um einen Stern, der vor tausenden von Jahren verloschen war oder um eine Drohne, die die Behörde zur Ausspionierung der Camper losgeschickt hatte?

„Komm, meine wunderschöne, kluge Zaida", Kevins Stimme klang zärtlich, aber bestimmt. „Wir gehen zu deinen Leuten. Ich werde mit ihnen sprechen, du und ich, gemeinsam überzeugen wir sie.

Er ergriff wieder Zaidas Hand, „Ihr werdet mein Insiderwissen gut gebrauchen können."

***

Der Weg war lang und beschwerlich. Nicht alle Camper überlebten ihn. Es dauerte, bis Kevin das Vertrauen der Menschen, die aufgebrochen waren, um irgendwo einen sicheren Platz zum Leben zu finden, gewonnen hatte. Er war der Gruppe sehr von Nutzen, wenn es darum ging, mit den Machthabern anderer Regionen zu verhandeln oder Bestechungsgelder wirkungsvoll zu platzieren, während sie fremde Gebiete durchreisten.

Die einstigen nationalen Landesgrenzen existierten nur noch ungefähr. Durch Abstimmungen, die dann aber in manchen Regionen nicht anerkannt wurden, hatte sich auch die Grenze zwischen Frankreich und Spanien verschoben. Die Anfeindungen zwischen den Bevölkerungsgruppen wurden schlimmer. Begegneten den Campern andere Flüchtlingsgruppen, galt es jeweils zu entscheiden, ob es zum Kampf kommen oder ob man die gemeinsamen Vorräte teilen sollte.

Schließlich hatten sie es bis zum Meer geschafft. Einstweilen schlugen sie ihr Lager nahe am Strand auf. Zaida und Kevin sowie zwei ältere, von den Campern als Bürgermeister und Bürgermeisterin gewählte Menschen führten Verhandlungen mit den Anführern eines Containerdorfes, das sich etwas oberhalb am Rande eines noch recht intakten Pinienwaldes angesiedelt hatten. Vielleicht könnte man sich zusammenschließen.

Der Bürgermeister und die Bürgermeisterin führten die Verhandlungen aufseiten der Camper. Kevin begleitete sie als Berater zu den Treffen. Es galt, einen Ort zu finden mit Wasser, fruchtbarem Land und wenn möglich in Reichweite von anderen, ähnlich gesinnten Siedlungen oder freiheitlichen Städten, die bei Bedarf zu Verbündeten werden könnten.

Während der beschwerlichen Reise, besonders dann, wenn es notwendig war, eine längere Pause einzulegen, wurde es offensichtlich, dass vor allem den jüngeren Menschen etwas fehlte, was ihnen in schweren Zeiten einen seelischen Halt geben konnte. Religiöse Unterstützung spielte immer weniger eine Rolle, auch wenn es unter den Campern einige Imame und christliche Geistliche gab.

„Es fehlt der innere Kompass", wurde geklagt. Und während es nichts Außergewöhnliches war, wenn ältere Leute sich über den Verfall von Glauben und Moral aufregten, mussten auch die Jüngeren eingestehen, dass es in puncto Seelenfrieden Defizite gab. Depressionen machten sich im Camp breit und drohten, zu einem ernsten Problem zu werden.

Ein neues Amt, das der spirituellen Beraterin, wurde geschaffen und Zaida übertragen. Vielleicht auch aufgrund von Lehren, die aus der Vergangenheit gezogen wurden, hielten die Menschen im Camp es für wichtig, vor allem die junge Generation nicht ohne spirituelle Unterstützung aufwachsen zu lassen. So fanden regelmäßige ethische Gespräche statt. Ob und inwiefern diese für die Jugend verbindlich sein sollten, wurde derzeit noch diskutiert. Die Veranstaltungen waren gut besucht, wahrscheinlich auch in Ermangelung anderer Alternativen. Es gehörte zu Zaidas Aufgaben, diese Diskussionsrunden, die abends, nach getaner Arbeit, stattfanden, zu organisieren. Meist waren es ältere Menschen, die zu einem zuvor bekannt gegebenen Thema sprachen und ihre Erfahrungen weitergeben wollten. Im Anschluss daran gab es Gelegenheit, über den Vortrag zu diskutieren. Zaida legte Wert darauf, auch die junge Generation zu Wort kommen zu lassen.

An diesem Abend hatte sich kein Referent finden lassen und so würde Zaida selbst sprechen. Sobald die Menschen sich um das Lagerfeuer versammelt und es sich so gemütlich wie möglich gemacht hatten, begann sie:

„Heute soll es um die Sanftmut gehen." Die Begeisterung der Zuhörerschaft hielt sich in Grenzen, Zaida ließ sich jedoch nicht beirren.

„Das sanfte Gemüt bedeutet eine freundliche und nachsichtige Grundeinstellung gegenüber allen Lebewesen in der Welt. Diese Einstellung kommt aus dem Wissen, dass es nicht Aufgabe der Menschen ist, den Lauf der Welt andauernd zu hinterfragen. Wir genießen das Leben und da, wo nötig, ertragen wir es mit Gelassenheit.

Unabhängig davon, ob es diesen tieferen Sinn im Leben gibt oder nicht, sitzen wir alle gemeinsam auf einem Planeten. Die Schicksale aller sind ineinander verwoben. Das bedeutet, das Glück des Menschen ist davon abhängig, dass es den anderen auch gut geht. Wenn wir glauben, miteinander konkurrieren zu müssen, weil wir gegensätzliche Ziele haben, dann ist das ein Trugschluss. Er basiert auf oberflächlichen Beobachtungen und kurzsichtigen Erfahrungen."

Unter den Zuhörern wurde es unruhig, es gab Wortmeldungen, hier und da regte sich Widerspruch. Zaida fuhr fort.

„Menschen sind am glücklichsten, wenn sie Anerkennung in der Gruppe erhalten. Das ist ein menschliches Grundbedürfnis, es kommt direkt nach den Bedürfnissen nach Nahrung und Schlaf. Deshalb ist es wahr, anderen eine Freude zu bereiten, ein Geschenk zu machen, bringt dem Schenker mehr Glück als dem Beschenkten."

Einige hielten es nicht mehr aus, sie waren aufgestanden und im Begriff fortzugehen. Andere forderten Zaida auf, ihre Ausführungen zu beenden und mit der Diskussion zu beginnen. Zaida hob beschwichtigend die Hand.

„Bevor wir mit der Aussprache anfangen, lasst mich noch dieses sagen: Es gibt auch eine falsche Sanftmut. Hierbei empfindet eine Person durchaus negative Gefühle wie Unzufriedenheit, Neid, Eifersucht und sogar Hass. In dem Wunsch, diese Gefühle verbergen zu wollen, werden sie jedoch überspielt und verdrängt, bis sie sich mit aller Gewalt bahnbrechen und dann für die Mitmenschen zur großen Gefahr werden. Vor dieser falschen Sanftmut hütet euch."

„Und, wie ist es gelaufen?" wollte Kevin wissen, als Zaida wieder zu Hause war. Er saß auf der Veranda, die sie vor den Wohnwagen gebaut hatten und die hier im wärmeren Klima als Wohnzimmer im Freien diente.

„Na ja, so lala." Zaida ließ sich in einen der ziemlich roh gezimmerten Sessel plumpsen, die sie und Kevin selbst gebaut hatten. „So richtig interessiert hat's, glaube ich, die wenigsten. Wir sollten darüber nachdenken, den Jugendlichen im Anschluss an Vortrag und Diskussion die Möglichkeit zu geben, noch ein wenig Zeit unter sich zu verbringen. "

„Du meinst so was Ähnliches wie ein Jugendclub? Gibt's da auch Musik und alkoholische Getränke?"

Zaida war sich nicht sicher, wie ernst es Kevin mit diesem Vorschlag war.

Er reichte ihr ein Glas von dem selbst gebrauten Pfirsichwein und Zaida nahm dankbar an.

„Du warst ja auch nicht da, komm' doch in Zukunft wieder mit und sieh selbst, was geschieht", schlug Zaida vor.

Kevin zeigte nicht die Spur von Reue. „Ich habe hier auf dich gewartet, soll ich dir den Nacken massieren?"

Zaida nickte und fing an sich unter der Massage zu entspannen. „Ach Kevin, wohin soll das alles führen?"

„Wer weiß das schon." Er hielt inne und sah Zaida an. „Aber irgendwie ging es bis jetzt für die meisten Menschen weiter. Und es scheint so, als dürften wir beide dazugehören."

Zaida dachte eine Weile nach, dann nickte sie und sagte: „Lass uns reingehen."

Der Krebs im Topf

Es sitzt ein Krebs im Topf und planscht im warmen Wasser,
bis dann das Wasser kocht, wird's Krebslein immer blasser.
Er hat es nicht gewusst, und doch ist es geschehen.
Der Tod war ihm so nah, und er hat's nicht gesehen.

Genieß den Tag, sei froh und denke nicht an morgen,
sagt sich der Krebs und glaubt sich vor Gefahr verborgen.
Denn alles bleibt so schön, wie's heute war und gestern,
und wer was andres sagt, soll aufhören zu lästern.

Schau dich nur um im Topf, wo and're Krebslein schwimmen,
versuchen sie in Not, den Topfrand zu erklimmen
und schaffen es doch nicht, sie alle müssen sterben.

Glaub, was du siehst, ist wahr. Was möglich ist, wird auch geschehn.
Versuch' zur gleichen Zeit das Carpe Diem zu verstehn.
Zerbrochne Gläser bringen Glück? Wir tanzen auf den Scherben.

Über die Autorin

Christiane Ulmer-Leahey, geboren 1958 in Mainz, publiziert auf Deutsch und auf Englisch. Außer ihren Beiträgen in fachwissenschaftlichen Zeitschriften schreibt sie Kurzgeschichten und Gedichte. 2015 erschien der Roman "Müpfel".

Foto Barbara Wagner

Ulmer-Leahey arbeitete in Deutschland, Großbritannien und den Vereinigten Arabischen Emiraten als Lehrerin, Hochschuldozentin und Schulleiterin. In der Privatwirtschaft war sie in der Personalentwicklung tätig.

Sie promovierte an der University of Wales, Bangor und hat eine Fellowship des Chartered Institute of Linguists.

In 2001 zog sie mit ihrer Tochter nach Deutschland. Heute lebt sie mit ihrer Familie im Raum Koblenz.

WEITERE WERKE DER AUTORIN
ERSCHIENEN BEI DER BRIGHTON VERLAG® GMBH

Müpfel
ISBN 978-3-95876-052-3
172 S. • 15,90 €
*Das ist nicht so wichtig
– aber ich werde dir helfen,
sicher dort anzukommen
– darauf kommt es heutzutage an.*
Der kleine Mann trommelte den Rhythmus zu einem Lied, das anscheinend nur er hören konnte. Plötzlich hörte er mit dem Getrommel auf und blickte ernst in den Spiegel. Der ungebetene Fahrgast zog sich die Mütze vom Kopf. „Angenehm, Müpfel."

Perspektiven und andere Geschichten
ISBN 978-3-95876-244-2
124 S. • 15,90 €
„Als ich heute Morgen aufwachte, wusste ich sofort, dass etwas ganz und gar nicht stimmte. Es war nicht zu erklären, es lag etwas in der Luft, es hatte mit den Träumen zu tun, die mich kurz vor dem Aufwachen geplagt hatten. Ohne mich genau an sie erinnern zu können, wusste ich, dass sie etwas mit Verfolgung zu tun hatten. Diebstahl war auch darin vorgekommen ..."

*Zauberhafte Geschichten
aus dem Orient und Okzident*
ISBN 978-3-95876-648-8 • 224 S. • 19,90 €
Mal spannend, mal nachdenklich oder witzig sind die Erzählungen in diesem Band. Sie laden die Leser und Leserinnen ein, die agierenden Personen ein Stück auf ihrem teils sehr abenteuerlichen Weg zu begleiten. Zu Recht empört sich der Leser oder die Leserin über Ungerechtigkeiten, die den Figuren widerfahren. Oft sind es Frauen, denen übel mitgespielt wird und sie wehren sich mutig, mal mit mehr und mal mit weniger Erfolg.

Der Familienbetrieb

GmbH

hat es sich zur Aufgabe gemacht, Bücher und Filme
zu veröffentlichen, die eventuell von großen Verlagen
oder dem Mainstream nicht erkannt werden.
Besonders wichtig ist uns bei der Auswahl
unserer Autoren und deren Werke:
Wir bieten Ihnen keine Bücher oder Filme an, die zu Tausenden
an jeder Ecke zu finden sind, sondern ausgewählte Kunst,
deren Wert in ihrer Einzigartigkeit liegt
und die damit – in unseren Augen – für sich selbst sprechen.
Wir sind davon überzeugt, dass Bücher und Filme
bereichernd sind, wenn sie Ihnen Vergnügen bereiten.
Es ist allerdings unbezahlbar, wenn sie Ihnen helfen,
die Welt anders zu sehen als zuvor.
Die Brighton Verlag® GmbH sucht und bietet das Besondere –
lesen Sie selbst und Sie werden sehen ...
Ihr Brighton® Team
www.brightongroup.de

Brighton Group GmbH